JN439121

# 꽃심을 지닌 땅 전주

전주학총서 36

꽃심을 지닌 땅, 전주

Ⅱ. 문화유산 편

인쇄 | 2016년 08월 20일
발행 | 2016년 08월 25일

엮은이 | 전주역사박물관
펴낸곳 | 흐름출판사
펴낸이 | 한명수
책임편집 | 이향란 박미란
디자인 | 김현수 이선정
등록 | 2002년 5월 17일 제466호
주소 | 전북 전주시 덕진구 정언신로 59
전화 | 063-287-1231
전송 | 063-287-1232
홈페이지 | www.heureum.com
이메일 | hr7179@hanmail.net

© 2016, 전주역사박물관

ISBN 979-11-5522-117-4 94900
978-89-93003-88-8 (세트)

값 20,000원

서삭권법에 의해 한국 내에서 보호를 받는 저작물이므로
무단 전재 및 복제를 금합니다.

전주학총서 36

# 꽃심을 지닌 땅 전주

II 문화유산 편

전주역사박물관 엮음

흐름

| 발간사 |

전주의 역사문화를 소개하는 『꽃심을 지닌 땅, 전주』는 2편으로 기획되었습니다. 2015년 작년에 1편 역사문화를 발간하였고, 올해 2편 문화유산을 발간하게 되었습니다. 부족한 점이 있지만 전주의 역사와 문화유산을 이해하는 데 도움이 되었으면 합니다.

2016년 올해 6월 9일 전주시민의 날에 전주정신이 선포되었습니다. 전주정신은 꽃심이고, 이 꽃심에는 대동, 풍류, 올곧음, 창신의 정신이 담겨 있다고 규정하였습니다. 꽃심은 새로운 문화와 새로운 세상을 창출해 가는 힘을 말합니다. 이 책의 표제 꽃심도 그런 뜻입니다.

전주는 구석기 이래 여러 선사 유적들이 있습니다. 백제시대의 경우는 경복사터 등을 제외하고는 눈에 띄는 유적들이 거의 남아 있지 않습니다. 후백제의 경우 짧은 기간이었지만, 견훤성이 남아 후백제 왕도 전주를 말해 줍니다. 고려시대에도 전주가 목으로 나주목과 함께 전라도의 중심이었지만 남아 있는 유물 유적은 많지 않습니다.

전주문화유산으로 현존하는 대표적인 것은 국보 317호 태조어진을 비롯한 조선왕조 발상지로서 유물과 유적들입니다. 한옥마을 일원을 중심으로 태조어진을 모신 경기전을 비롯하여, 조경묘와 조경단, 오목대와 이목대 등이 자리하고 있습니다. 조선왕조실록을 지켜낸 전주사고도 본래의 자리에 복원되어 있습니다.

전주부성의 도시 공간을 보여 주는 문화유산도 잘 남아 있습니다. 풍남문, 전주객사(풍패지관), 전주동헌(풍낙헌), 전주향교, 남고산성 등이 현존하여 조선시대 전주의 도시 공간구조를 잘 보여 줍니다. 전라감영이 복원되면 전주는 지방통치 행정도시로서의 공간구조를 분명하게 갖추게 될 것입니다. 덕진제방, 숲정이, 진북사 등은 전주 비보풍수의 산물입니다. 근대 전주 한옥마을은 문화관광 명소로 자리하고 있습니다.

전동성당과 치명자성지, 숲정이성지를 비롯한 천주교 문화유산, 서문교회, 구 예수병원, 선교사 사택과 묘역을 비롯한 기독교 문화유산은 천주교와 개신교가 만개했던 전주의 대표적 역사입니다. 불교의 경우도 사고사찰을 비롯해 여러 사찰과 불상 등 유적들이 남아 있습니다. 완산칠봉은 동학농민혁명의 격전지입니다.

전주 문화유산편 집필에 많은 연구자들이 참여하였습니다. 전주문화사랑회에서 2001년 이래 전주 지역 현장답사를 해 왔으며, 2005년 이후 전주역사박물관을 전주시로부터 위탁받아 운영하면서 답사를 이어 가고 있는데, 이 답사가 문화유산편 발간의 기반이 되었습니다.

『꽃심을 지닌 땅, 전주』는 전주학 연구의 하나로 출간되었습니다. 각별한 관심으로 전주학 연구에 지원을 해 주신 김승수 전주시장님과 김명지 전주시의회 의장님께 감사드립니다. 집필자 여러분들께 감사드리며, 김소희 학예사를 비롯해 박물관 식구들과 흐름출판사 한명수 대표에게도 고마운 마음입니다.

2016. 8

전주역사박물관장 이 동 희

전주는 풍부한 문화유산을 보유하고 있는 도시입니다. 완판본(完板本)의 본고장답게 출판문화와 관련된 유적을 다양하게 보유하고 있으며, 전주의 대표 문화유산인 소리와 서화 등과 관련된 유적들도 손으로 꼽을 수가 없습니다. 또한 많은 천주교인들의 성혈이 흐르는 천주교 관련 유적과, 호남지방 개신교회 선교부의 흔적 등 종교적인 문화자산 역시 전주 곳곳에 남겨져 있습니다.

그러나 전주에 살고 있는 우리조차도 그 유적들 속에 담긴 선조들의 역사와 얼을 잘 알지 못하고 있습니다. 전주시민으로서 이를 가꾸고 지켜 나가야 할 우리들이지만, 주변의 익숙한 일상쯤으로 여기고 관심을 두고 있지 않는 것이 안타까운 우리의 현주소입니다.

『꽃심을 지닌 땅, 전주 - Ⅱ. 문화유산편』은 선사시대부터 근대에 이르기까지 전주에 숨겨져 있는 곳곳의 유산들과 그 이야기들을 담고 있습니다. 성격별로 구분된 총 6개의 소주제에 따라 코스별로 구성된 이 책은 우리 지역 문화유산에 대한 이해를 돕는 소중한 문화 교과서라 말할 수 있습니다. 이 책을 통해 전주시민들은 대한민국 대표 전통문화도시인 전주에 대한 자긍심과 애향심을 고취시킬 수 있으며, 관광객들은 가장 아름다운 한국의 모습을 간직한 전주의 매력을 알게 될 것으로 기대합니다.

전주는 천년이 넘는 역사를 고스란히 간직한 도시입니다. 그리고 '전주'라는 지리적 영토 안에서 우리 선조들이 쌓아 온 삶의 방식에는 독특하고 남다른 '도시의 영혼', 다시 말해 '전주정신' 이 깃들여 있습니다. 이 '전주정신' 은 전주 사람 한 명 한 명의 가슴속에 새겨져 있어 결속력을 공고히 하며, '전주'

라는 영토 안에서 강력한 소속감을 느끼게 해 주었을 것입니다. 또한 다른 도시와는 차별화된 '전주' 만의 정체성 확립에 지대한 영향도 미쳤을 것입니다.

전주는 올해 6월, 오랜 토론과 연구 끝에 '꽃심'으로 대표되는 전주정신을 선포하였습니다. 우리 지역 출신 최명희 작가의 『혼불』에서는 '천년이 지나도 변하지 않는 정신'을 '꽃심'이라 말하고 있습니다. '꽃심'은 부드럽지만 생명을 틔워내는 힘입니다. 그리고 생명을 잉태해 새로운 미래를 펼쳐내는 정신입니다.

『꽃심을 지닌 땅, 전주 - Ⅱ. 문화유산편』은 전주 사람들의 정신적 영토인 '꽃심'을 더욱 단단하게 그리고 성숙하게 만드는 데 큰 힘이 되어 줄 것입니다. 더불어 이 책을 통해 전주시민 모두가 우리 문화유산의 가치를 이해하고, 이에 대한 계승·발전의 공감대를 형성하는 소중한 기회를 가져 보기를 희망합니다.

끝으로 이 책을 만들기 위해 귀한 원고를 실어 주신 여러 연구자분들께 이 자리를 빌려 감사의 인사를 전합니다. 그리고 도움을 주신 이동희 전주역사박물관장님과 관계자 여러분의 노고에도 고마움을 전합니다.

감사합니다.

2016. 8

전주시장 김 승 수

『꽃심을 지닌 땅, 전주 - Ⅱ. 문화유산편』 발간을 축하드립니다.

전주는 한국을 대표하는 품격 있는 전통문화도시입니다. 역사가 깊으면서도 젊은 변화가 가능한 도시이고, 규모가 큰 도시이면서도 예스러운 정취가 깃든 도시입니다. 특히 전주 한옥마을은 한 해 600만여 명의 관광객이 찾으며 전주의 맛과 멋을 즐기는 대표적인 곳입니다. 최근에는 세계 배낭여행의 바이블이라 불리는 론리플래닛이 선정한 '1년 안에 가 봐야 할 아시아 10대 명소'에서 세계 유명 도시들을 제치고 당당히 3위에 이름을 올렸습니다.

이 책은 전주 곳곳에 숨겨져 있는 역사문화유적들을 소개해 주는 책입니다. 구석기부터 사람이 살아 온 흔적이 전주 곳곳에 남겨져 있으며, 후백제의 왕도로서 '견훤성'이라 불리는 동고산성 일대에는 견훤의 꿈이 숨겨져 있습니다. 조선시대에는 조선왕실의 본향으로, 전라감영이 위치했던 호남제일성으로 곳곳에 많은 유적들이 위치해 있습니다. 조선 말 동학농민군이 전주에 입성해 '전주화약'이 체결되면서 처음으로 관민협치(官民協治)가 실시된 땅이기도 합니다. 또한 일제강점기 전북의 중심지로서 수탈의 역사가 남겨져 있습니다.

전주는 문화예술의 땅입니다. 한지의 본가로 전주부채와 전주에서 찍어낸 책인 완판본(完板本)과 관련된 유적이 풍부합니다. 전주의 문화유산으로 소리와 서화 등에 관련된 유적들도 빼놓을 수 없습니다. 또한 많은 천주교인들의 성혈이 흐르는 천주교 관련 유적과, 호남지방 개신교회의 선교부가 위치했던 종교적으로도 많은 역사가 남겨져 있는 땅입니다.

이 외에도 곳곳에 전주에 살았던 선조들의 숨결을 느낄 수 있는 유적들이 많습니다. 그러나 전주에 살고 있는 우리조차도 그 유적 하나하나를 잘 알지 못합니다. 이 책은 선사부터 근대에 이르기까지 전주에 숨겨져 있는 곳곳의 유산들과 그 이야기들을 담고 있습니다. 이번 총서 발간을 통해 시민들이 전주에 대한 이해의 폭을 넓히고 전주정신 및 전주의 정체성을 정립하는 데 기여할 것으로 기대됩니다. 뿐만 아니라 전주를 찾는 관광객들에게도 품격의 도시 전주를 널리 알리는 데 좋은 안내자가 되리라 생각합니다.

이 책의 제목은 『꽃심을 지닌 땅, 전주』입니다. 전주는 천년이 넘는 역사가 있습니다. 눈에 보이지 않지만, 천년의 기운이 축적되어 있다는 것을 뜻합니다. 그것은 우리 조상들이 일궈 온 도시의 영혼, 전주만의 정신을 말합니다. 2016년 전주는 이러한 '꽃심'을 전주정신으로 선포하였습니다. 최명희 작가는 『혼불』에서 "천년이 지나도 변하지 않는 정신을 '꽃심'"이라고 했습니다. '꽃심'은 부드럽지만 생명을 틔워내는 힘입니다. 생명을 잉태해 새로운 미래를 펼쳐내는 정신입니다. 이 책이 전주의 '꽃심'을 펼쳐나가는 데 큰 역할을 하길 기대합니다.

끝으로 이 책을 만들기 위해 귀한 원고를 실어 주신 여러 연구자분들께 감사드립니다. 또한 이 일을 주관한 이동희 전주역사박물관장님과 관계자 여러분들의 노고에도 고마움을 전합니다. 이번 책 발간이 전주의 소중한 문화유산에 대한 자긍심을 고취시키고, '꽃심'을 지닌 품격 있는 역사와 전통의 문화도시로 나아가는 기반이 되기를 기원해 봅니다. 감사합니다.

2016. 8

전주시의회장 김 명 지

## 차례

**제1편**

# 역사유적

1장_중바위 견훤성에 서린 후백제의 꿈

2장_조선왕조를 싹틔운 전주

3장_동학농민군의 전주성 입성 길과 전투지

4장_일제강점기 억압과 저항

1장

# 중바위 견훤성에 서린 후백제의 꿈

## 개요

신라의 삼국 통일 이후 신라의 중대 시기(29대 태종 무열왕~36대 혜공왕, 654~780)에는 강력한 왕권을 바탕으로 자연재해로 인한 기근을 효과적으로 대처하여 나름의 안정을 유지하였다. 그러나 신라 하대(37대 선덕왕~56대 경순왕, 780~935)에 이르러 왕위 쟁탈전에 의한 혼란과 흉년과 가뭄 같은 자연재해와 병충해, 역질의 유행에 신라 정부는 적절히 대응하지 못하였다. 그리하여 진성여왕 3년(889)에 이르러서는 신라가 전면적인 내란 상태로 들어가게 되었다.

이 같은 상황에서 전주 지역이 우리 역사에서 새로운 전기를 맞이한 것은 후백제 왕 견훤의 전주 정도이다. 이는 전주가 후백제 수도로서 기능하였을 뿐만 아니라 후백제가 붕괴된 이후 새로운 역사 전개의 축으로서 기능한 사실을 보여 주고 있다.

견훤은 무진주(광주) 자립 이후 성장하여 892년 후백제를 자칭하며 주변 확장을 꾀하였다. 그리고 효공왕 4년(900)에 견훤이 무진주로부터 완산주(전주)에 이르자 주민이 환영하므로 견훤은 인심 얻은 것을 기뻐하여 후백제 왕을 자처하며 전주에서 본격적인 후백제 역사를 전개하였다.

전주에 위치한 후백제 관련 유적은 후백제 고토성(古土城)과 고궁허(古宮墟)이다. 고토성은 현재 전주고등학교 뒤편 중노송동 일대로 연결되는 구릉선상에 존재했던 것으로 파악되고 있으며, 고궁허는 동고산성(東固山城) 정

**견훤성**(동고산성, 전주 승암산) | 『전주 동고산성 건물지 4차 발굴조사』(전북문화재연구원, 2006)
견훤성 자리를 표기한 것이다. 가운데 건물은 성황사이다.

상부에 남아 있는 성황사 자리와 연결되고 있다. 따라서 전주에는 평지 도성과 산성 두 공간이 상정된다. 특히, '전주성(全州城)' 명문이 새겨진 연꽃무늬와 봉황, 무사문양 막새가 승암산의 동고산성에서 발굴되어 이 산성에 대한 관심이 강조되기도 하였다.

### 동고산성 東固山城(견훤성) | 전라북도기념물 제44호

동고산성이 있는 승암산을 부르는 명칭은 현재 여러 가지가 혼용되고 있다. 즉, 가장 오랜 기록인 이규보의 기록에서는 중자산이라 불렀고 조선시대 고지도에는 승암산, 그리고 동고사라는 사찰과 연결된 동고산이란 표현이 있으며 가톨릭 순교자의 무덤과 관련되어 '목숨을 바쳐 신앙을 지킨 자'라는 의

**견훤성 성벽** | 『전주 동고산성 건물지 4차 발굴조사』

미의 치명자산이란 표현이 사용되고 있다. 그런데 승암산이란 한자적 원래 표현인 중바위산과 800여 년 전 고려시대 명칭인 중자산이 가장 밀접한 표현임을 알 수 있다. 현재 이곳을 부르는 공식 명칭은 남고산성에 대비되어 '동고산성'이라 불리고 있어 일단 동고산성이란 표현을 사용코자 한다. 그러나 이곳에서 발견된 와당명문에 의할 때는 '전주성'이 올바른 표현이다.

동고산성은 서북쪽으로 면한 수구(水口)의 남쪽으로 뻗은 규암(硅巖) 절벽의 천험(天險)을 이용하여 동쪽이 높은 삼태기형의 골짜기를 감은 성인데, 남북으로 뻗은 날개 모양의 익성(翼城)이 있는 것이 특징이다. 장축은 서북방향이고 바깥 성곽의 둘레는 1,574m, 너비는 동서 314m, 남북 256m다. 남북 익성의 길이는 북쪽이 112m, 남쪽이 123m, 높이는 수구가 230m, 동남쪽 최고봉은 306.6m다.

석축은 능선 바깥 사면 중턱을 깎아 회랑도(廻廊道)를 설치하고 그 바깥쪽에 석축을 하였는데, 거의 무너졌으나 높이가 4m에 이르는 곳도 있다. 성안 동쪽 사면은 3단으로 건물 대지를 깎아내렸는데 윗단 대지는 길이 117m, 폭 20m 정도이고 중간 대지는 길이 133m, 폭 26m로서 그 안에는 건물 초석과 기와편들이 흩어져 있다. 성문은 북익성 동쪽에 있고, 남익성 양켠 부근에 남문이 있다. 각 성곽 모퉁이에는 누대(樓臺)가 있었다. 성안 중앙에는 우물이 있고 그 아래에 자그마한 유지가 있다.

최근 발굴을 통해 동서남북 4곳의 문지와 11개의 건물지 등이 확인되었으며 석축 성벽이 대부분 구간에 건축되어 견고한 군사적 산성의 면모를 보여주고 있다.

전라북도 전주시 완산구 대성동 산25 일대

## 동고산성 중심 건물지

1994년 확인된 동고산성 내 중심 건물지는 전면 22칸, 측면 4칸, 장축 84m에 달하는 건물로 단일 건물지로는 그 규모가 가장 큰 건물 터이다. 특히, 주춧돌 사이의 간격이 1m 내외로 이는 2층 이상의 누각 건물의 무게를 견딜 수 있도록 간격을 좁혀 건축하였던 것으로 추측된다. 따라서 이 건물은 적어도 2층 이상의 대규모 누각 건물로 마치 경복궁의 경회루 같은 이미지의 건물이 이곳에 위치하여 후백제의 수도인 전주 지역을 관망할 수 있는 곳으로 파악된다.

이 건물은 장축 18도 방향으로 지형에 따라 전면이 서쪽인 전주 시가지를 향하고 있는 건물로 앞면과 측면에 기단이 확인되었다. 초석 상태는 건물이 심하게 불에 타 녹아 갈라진 곳도 있다. 측면 5개의 기둥열 중 1~2기둥열 사이는 5.1m 간격인데 비해, 이후 기둥열 사이는 2.85m이다. 따라서 건물 형태는 ㄷ자형의 회랑도를 설치하고 나머지 기둥들은 2층을 구성하는 기둥으로 활용된 2층 건물로 파악된다.

기타 건물지는 전면 5칸 11m, 측면 3칸 6.6m의 건물로 주 건물보다 앞선

동고산성 북문지 발굴

시기 건물로 파악된다. 또 2015년까지 8차에 걸친 발굴을 통해 11개의 건물지와 동·서·남·북의 4곳의 문지가 확인되어 북문지와 동문지, 서문지가 조사되었다. 한편 이 성의 정문으로 추정되는 서문지에서는 대형의 면석과 성문 회전축인 소형의 신쇠 등이 확인되었다. 그리고 이 성터에서는 이 밖에도 '전주성(全州城)' · '관(官)' 자 등의 글씨가 찍힌 평기와 편도 나왔다.

## 동고산성 내 발굴 유물

1980년 가을, 산성의 개괄 조사 중, 중심 건물 터에서 '전주성명연화문와당(全州城銘蓮花文瓦當)'이 발견됨으로써 이곳이 견훤의 궁터임을 확인할 수 있었다. 또한 1994년 본격적인 발굴이 진행되어 '전주성'명의 와당이 3종류 발견되었다. 연화문와당은 직경 15.2㎝로 바깥 둘레에는 38개의 구슬이 연이어진 문양인 연주문(連珠文)을 두르고, 가운데 바탕에는 여덟 잎의 연꽃무

**전주성명 연화문 수막새**(위) · **전주성명 쌍봉황 무늬 암막새**(아래) | 후백제 | 국립전주박물관 소장

늬가 새겨졌는데 꽃잎마다 2장씩 겹친 복판(複瓣) 모양이다. 이는 신라 말에서 고려 초의 연꽃무늬 와당 특징을 가지고 있다. 안쪽 중심권은 자방(子房)이라 하여 그 안에 연씨 모양을 장식하는 게 보통인데, 이 와당에는 '전주성'이란 글씨를 새겨 놓았다. 와당에 성 이름을 새긴 예는 경주 월성(月城)에서 출토한 재성(在城)명 와당과 강릉의 명주성(溟州城)명 와당뿐이다.

연꽃무늬 와당은 불교 사찰과 왕궁성 건물 외에는 쓰이지 않는다. 또한 함께 출토된 봉황문 와당은 봉황이 왕(王)을 상징하는 문양이란 점에서 이것이 단순한 지방행정부의 건물에 쓰인 와당이 아니라 독립적인 국가 즉 후백제 견훤왕 시기에 사용되었음을 확인시켜 준다.

특히, 주목되는 와당은 길이 29.0㎝ 폭 6.5㎝의 무사문양 수막새이다. 이 와당은 중앙에 전주성 명칭이 두드러지게 새겨졌고 그 양측에는 긴 창을 들고 투구와 갑옷을 완전하게 갖춰 입은 한 쌍의 무사(武士)가 서로 겨루는 모습으로 좌우대칭되게 배치되었다. 또 바탕은 4단으로 된 성벽 무늬로 메워 매우

생동감 있는 모습을 보여 주고 있다. 이 같은 모습을 보여 주는 와당은 우리나라 어느 시기에도 보이지 않는 것으로 후백제 시기 견훤의 철갑부대의 위용을 자랑하기 위해 만든 것임을 짐작케 한다.

## 성황사 城隍祠

전주성을 지키는 성황신을 모신 성황사는 승암산 동고산성 내 견훤의 왕궁 건물지가 있는 곳 바로 밑에 위치하였으나, 지금은 민가가 자리하고 있다. 50여 년 전만 해도 성황사에는 다섯 분의 신상이 단상에 안치되어 있는 것을 볼 수 있었다고 한다. 모두 진흙으로 빚고 채색한 소상(塑像)인데 명칭은 김부대왕과 그의 가족으로 되어 있다. 구성을 보면 제2부인 최씨 부인, 김부대왕, 정후 허씨(正后許氏), 최씨 부인 소생의 태자(太子), 태자비 매씨(妹氏)의 순으로 되어 있다.

여기서 주목되는 점은 전주성을 지키는 성황신이 신라의 마지막 왕 경순왕

성황사 신상

과 그 가족이란 점이다. 이는 전주가 후백제의 수도였으며 견훤의 도읍이란 역사적 성격을 감안할 때 쉽게 이해되지 않는 사실이다. 이는 후백제 붕괴 이후 고려가 후백제의 수도인 전주에 대해 실시한 철저한 세력 제거 정책의 결과라고 생각된다. 즉, 고려는 후백제 지역의 지역적 상징인 성황신을 신라 마지막 왕 일가로 설정하여 지역적 구심력을 제거하였다고 파악된다.

전주 성황사의 창설은 명확하게 알 수 없다. 다만 1199년(고려 신종2)에 전주목사록겸장서기(全州牧使綠兼掌書記)로 도임했던 이규보(李奎報)가 제신문(祭神文)을 남기고 있으므로 그 연조가 적어도 8백 년은 되었을 것으로 보인다. 조선조 초인 태조 2년 정월에는 이조(吏曹)의 건의에 따라 송악(松嶽-開城)의 성황신에 「진국공(鎭國公)」, 화녕(和寧-永興)·안변(安邊)·완산(전주)은 「계국백(啓國伯)」, 진주(晋州)는 「호국백(護國伯)」이라는 귀족과 같은 봉작 칭호를 내렸다. 그러나 1420년(세종12)에는 전주를 비롯한 각 지방 성황사의 국가에 의한 제사를 폐지하였다. 전주 성황사는 관에서 해마다 제사를 거행하였지만, 일반 민간신앙의 대상으로도 신앙이 깊었다. 특히 도내의 세미(稅米)를 군산포 방면에서 바닷길로 운송할 때에는 성황사에서 수로의 안전을 기원하기도 하였다. 영조 10년, 전주부성을 개축하던 관찰사 조현명(趙顯命)도 공사에 앞서 성황사에서 제사를 올렸다는 기록이 보인다. 전주 성황사는 예전에는 기린봉의 좌편에 자리하여 소상(塑像)을 모셔 왔는데 그후 1519년(중종14)에 관찰사 이언호(李彦浩)가 이를 때려 부수고 위판(位版)으로 바꾸어 부성 남쪽에 있는 곤지산(坤止山)으로 옮겼으나 그후 다시 견훤산성 기슭으로 옮겨졌다가 1688년(숙종14)에는 견훤왕 성안인 현 위치에 이건한 것으로 되어 있다. 현재 이에 대한 기록은 『동고사 사기』에 남아 있고 다섯 분의 신상은 현재 전주 성황제보존위원회에서 보관하고 있다.

한편, 승암산 정상에 올라 전주 시내를 조망해 보면 전주의 풍수적 배치에 있어 건지산과 곤지산의 대응이 주목된다. 주역의 팔괘에 입각한 방위 개념에서 건(乾, 하늘)과 곤(坤, 땅)의 대응관계를 설정한 기준점이 승암산이었던 것으로 파악된다. 이 같은 풍수적 지명 설정은 조선시대 이전 즉, 후백제 견훤

시기에 형성되었을 가능성이 높다. 즉, 건지산, 곤지산의 설정은 객사가 중심이 된 방위 설정이 아니었음을 알 수 있다.

## 전주의 사령신앙四靈信仰과 사고사찰四固寺刹

후백제 전주 도성은 당시 비슷한 시기에 조성된 사방 13여 ㎞에 달하는 철원 궁예 도성과 비교할 때 현재 전주 구도심 전체를 포괄하며 평지성과 왕궁 및 배후 산성으로 연결된 대규모 공간이 존재하였을 것으로 추정되고 있다. 향후 이에 대한 본격 조사에 의해 규모가 확인될 것으로 예상된다.

한편, 전주에는 현존하는 지명 가운데 동물과 관련된 기린봉, 용머리고개, 거북바위, 봉황암 등 동물 관련 명칭이 나타나고 있다. 즉, 『신증동국여지승람』에는 기린봉, 봉황암 등이 나타나며 고지도의 용두치(龍頭峙)가 용머리고개이며, 신성한 바위를 의미하는 거북바위가 금암동에 존재하고 있다. 그런데 이들 동물은 중국의 『예기(禮記)』에서 도시의 사방을 수호하는 신령한 동물로 사령(四靈)인 기린[麟],봉황[鳳], 거북[龜], 용(龍)의 내용과 대응하는 것으로 전주 도시 수호 동물로서 설정된 것임을 알 수 있다.

전주에는 사고사(四高寺 또는 四固寺)가 있었다. 동고사(東固寺)는 기린봉 기슭에 있었다고 전하며 승암산(僧岩山) 중턱에 있었다고 전하여 오고 있어서 확실히는 알 수 없으나 후백제 견훤이 도읍을 정하기 이전부터 창설되었다고도 한다. 지금의 동고사(이 절은 약 65년 전에 옛 사찰명을 그대로 따서 창건하였다.)의 도량으로서 수령이 천 년쯤 되었다는 귀목나무가 있는 곳을 짚어 유지(遺址)라고도 한다. 서고사(西固寺)는 황산 또는 황방(黃尨)산 중턱에 있었다. 산턱에는 유명한 효자천이 있는데 황방은 서쪽 허(虛)한 부위에 삽살개가 밤새껏 짖어 대어 누른다는 뜻에서 황방이라 한다. 남고사(南固寺)는 남고산 중턱에 위치하고 있으며 산복에는 관왕묘(關王廟), 만경대, 천경대, 억경대, 남고산성 터 등이 있다. 1300여 년 전인 신라 문무왕(文武王)

8년에 명덕화상(明德和尙)이 창건하였다 한다. 처음에는 남고연국사(南固燕國寺)라 하였으며 조선조 성종 때 이후 현재의 남고사라 했다고 한다. 확실한 건축 연대는 알 수 없으나, 약 3백 년으로 추정하고 있을 뿐이다. 북고사(北固寺)는 유연대(油然臺) 북쪽의 어은동(魚隱洞)에 있어 속칭 부엉바위 절로써 호랑이 아가리 터라고 부르는 일원을 가리키며 경내에는 미륵불이 모셔져 있다. 현재는 진북사(鎭北寺)라 불리는데, 이는 북쪽을 지킨다는 의미에서 같은 뜻이다.

이 같이 도시를 지켜 주는 사방 수호사찰인 사고사찰의 명칭이 전하고 있다. 결국 전주에 남아 있는 사방을 수호하는 도교적 신성동물 수호관념과 불교에서 도성을 지켜 주는 사방의 사고사찰 관념은 결국 후백제 시기 견훤이 도읍 전주를 후삼국 통일 수도를 꿈꾸며 후백제 전주를 명실상부한 "완벽하고 온전한 최고의 땅"으로 인식시키는 통치 이데올로기로써 기능하였다고 파악된다.

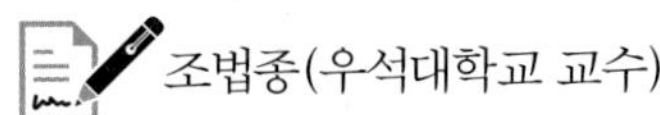
조범종(우석대학교 교수)

## 답사 코스

군경묘지 → 후백제 왕궁 표석(동고사 갈림길) → 동고산성 서문지(안내판) → 산성 내 → 성황사 터(샘지) → 주건물지 → 남문지 → 서쪽 건물지 → 산림감시초소(승암산 정상) → 치명자산 성지(천주교 성지)

2장

# 조선왕조를 싹티운 전주

## 개요

전주는 조선을 건국한 태조 이성계의 본향이다. 그래서 전주를 조선왕조의 발상지 풍패지향(豊沛之鄕)이라고 한다. 왕조의 발상지란 건국자가 살았거나, 그 선대들이 살았던 곳을 말한다. 풍패란 한(漢)나라를 건국한 유방의 고향이 패현 풍읍(沛縣豊邑)인 데서 비롯된 것으로 건국자의 고향을 이르는 말이다.

조선 왕실의 시조는 이한(李翰)으로 통일신라 문성왕(재위 839~857) 때에 사공(司空) 벼슬을 지냈다. 시조비 경주 김씨는 신라 태종 무열왕의 10세손으로 군윤을 역임한 김은의의 딸이다. 태조 이성계는 시조 이한의 21대손이다. 태조의 선대들은 그 본향인 전주에서 대대로 살다가 태조의 고조부인 목조 이안사 때 전주를 떠났다.

조선은 건국 후 조선왕조의 개창자인 태조 이성계의 어진(御眞, 왕의 초상)을 한양만이 아니라 지방 5곳, 즉 영흥, 경주, 평양, 전주, 개경에 봉안하였다. 경주, 평양, 개경은 역대 왕조의 수도이며, 영흥은 태조의 태생지이다. 전주는 태조의 선조들이 살았던 왕실의 본향으로 태종 10년(1410)에 태조어진이 봉안되었다.

전주에는 태조어진을 봉안한 경기전을 비롯하여 조선 왕실의 시조 사당 조경묘, 시조의 묘역 조경단 등이 있다. 또 태조가 황산대첩(荒山大捷)을 거두고 전주에 들러 잔치를 베풀었던 오목대와, 목조 이안사가 살았던 자만동 일

**태조어진** | 1872년(고종9) | 국보 제317호 | 어진박물관(전주 경기전 내) 소장

원 이목대에 이를 기념해 세운 비가 있다. 전주부성의 정문인 남문을 풍남문이라 한 것도 '풍패'의 '풍' 자를 따서 붙인 이름이며, 전주객사의 '풍패지관'이라는 편액도 풍패에서 연유한 것이다.

조선왕조의 발상지 관련 유적은 전주를 대표하는 문화유산이라고 할 수 있다. 풍패지향의 역사는 전주 역사문화의 중심이요 상징과 같은 존재이다.

### 태조어진과 경기전 太祖御眞 · 慶基殿

태조어진 : 국보 317호 || 경기전 : 사적 339호 || 경기전 정전 : 보물 1578호
경기전 하마비 : 도유형문화재 222호

교동 한옥마을에 위치한 경기전은 조선을 건국한 태조 이성계의 어진(왕의 초상)을 봉안한 곳이다. 전주는 태조 이성계의 선대들이 살았던 조선왕조의 발상지로 태종 10년(1410)에 이를 기념해 태조어진을 봉안하였다. 전주의 태조 진전을 경기전이라고 이름한 것은 세종 24년(1442)의 일이다.

**경기전 정전** | 1910년 | 유리원판사진 | 국립중앙박물관 소장

경기전에 봉안되었던 태조어진은 왜란이 발발하자 전주사고의 실록과 함께 내장산으로 이안(移安)되어 화를 피하고 이후 평안도 묘향산 보현사로 옮겨져 보존되었다. 태조어진이 경기전으로 돌아온 것은 광해군 6년(1614)의 일이다. 임진왜란 때 전주성이 수호되었지만, 정유재란 때 왜군에 점령되어 경기전이 소실되었는데, 전란 후 광해군 6년에 경기전을 중건하고 태조어진을 모셔왔다. 이런 경험을 바탕으로 숙종 1년(1675) 위봉산성을 수축해 행궁을 두고 유사시에 태조어진을 이안해 난을 피하도록 하였다.

경기전 정전과 정자각 거북이

태조어진을 봉안한 경기전 정전 내 감실

현재의 경기전 태조어진은 고종 9년(1872)에 새로 모사한 것이다. 조선 초 태조어진은 너무 낡아서 세초하여 매안하고 새로 모사하였다. 현존하는 유일한 태조어진으로 2012년 국보 제317호로 승격되었다.

경기전 태조어진은 익선관을 쓰고 청룡포를 입었으며, 각대를 차고 흑화를 신은 평상시 집무복 형태의 전신상(全身像)이다. 건국자로서 권위와 위엄이 돋보이며, 국왕으로서의 인자함이 담겨 있다. 용안의 정면을 그린 정면상으로 눈에는 정기가 가득 차 있고, 풍채가 좋으며 위풍당당하다. 눈과 입은 작고, 귀는 크며, 오른쪽 눈썹 위에 사마귀가 있다. 기록에 의하면 태조는 키와 귀가 크고, 몸이 반듯하며, 풍채가 좋다고 하였다.

경기전 하마비

한편 영흥 준원전의 태조어진이 사진으로 전해 온다. 경기전 어진은 수염이 흰 만년의 모습이고 준원전 어진은 수염이 검은 장년의 모습이다. 두 어진을 비교해 보면 경기전 어진은 국왕으로서 위엄과 함께 인자함이 담겨 있는 것에 반해 준원전 어진은 무관의 강인함이 돋보인다고 할 수 있다.

경기전 정전(正殿)은 남향으로 태조어진을 봉안한 침실[감실]이 가운데 있다. 정전 앞으로 정자각(丁字閣)이 있고, 좌우로 익랑(翼廊)이 있으며, 동서로 월랑(月廊)이 있다. 정자각 정면 기와지붕 아래 붉은 널판지에 붙어 있는 거북이 두 마리는 화재막이용 암수 한 쌍이다. 정전 뜰 아래 좌우에는 드무를 설치하여 방화에 대비하였다. 정전 동편 담장 밖 전주사고 자리에 임진왜란 후에는 어진을 임시로 이안하는 별전이 건립되었다.

정전 서편에는 경기전을 관리하는 부속 건물들이 자리했다. 일제강점기에 서편 부속 건물과 별전이 철거되었는데, 근래에 부속 건물을 복원하고, 별전 자리에 전주사고를 복원하였다. 정문 앞으로 옮겨 놓은 경기전 하마비(도유형문화재 222호)는 암수의 서수가 비를 받치고 있는 독특한 형태이다.

경기전에 봉안된 태조어진은 조선왕조 건국자의 현존하는 유일한 어진이다. 또 고종과 순종을 제외하고 조선왕조 25대 임금 중 남아 있는 어진은 단 3점(태조, 영조, 철종)뿐이다. 경기전 건물도 남한에 남아 있는 유일한 지방의 진전이며, 어진 이안 때 쓰였던 신연, 향정자 등 의식구들도 유일한 것들이다.

전북 전주시 완산구 풍남동 3가 102

## 왕의 초상 전문 박물관, 어진박물관

경기전 후원에 위치한 어진박물관은 태조어진을 영구 보존하고 경기전의 역사를 널리 알리기 위해 2011년 11월 개관하였다. 전시실은 지상에 태조어진을 모신 어진실(1), 지하에 어진실(2)·역사실·가마실·기획전시실로 구성되어 있다. 어진실(2)에는 세종, 영조, 정조, 철종, 고종, 순종 여섯 분의 어진이 모

어진박물관

셔져 있다. 역사실에는 경기전과 조선왕조의 발상지로서 전주의 문화유산이, 가마실에는 태조어진 봉안 시 쓰였던 신연, 향정자, 가교, 채여 등 가마가 전시되어 있다.

전북 전주시 완산구 태조로 44(풍남동 3가)

### 조선 왕실 시조 사당 조경묘 肇慶廟 | 전라북도유형문화재 16호

조경묘는 전주 이씨의 시조 이한(李翰)과 시조비 경주 김씨의 위패를 모신 조선 왕실의 시조 사당으로 영조 47년(1771) 경기전 북편에 건립되었다. 위패를 모신 전각 정묘(正廟)가 중앙에 자리하고 그 앞쪽으로 좌우에 익랑이 배치되어 있다. 동편으로는 수복청과 재실을 비롯해 조경묘 관리와 제례를 위한 부속 건물들이 있다.

조경묘 창건의 의미는 왕업의 기원을 목조 이안사에서 시조 이한까지 끌어

**조경묘** | 1771년(영조47) | 조선 왕실의 시조 사당으로 경기전 북편에 건립되었다. 시조 이한과 시조비 경주 김씨 위패를 봉안하고 있다.

조경묘 정묘 감실

올렸다는 것이다. 조선왕조의 창업이 태조 이성계에 의해서만 이루어진 것이 아니라, 조상들이 대대로 덕을 쌓아 태조대에 와서 조선왕조 창업이라는 대업을 이루게 되었다는 것이다. 이것은 태조가 태어나지도 살지도 않았지만, 그 조상들이 살았던 전주가 왜 조선왕조의 발상지가 되고, 조선왕조에 중요한 지역인가를 보여 주는 것이기도 하다.

조경묘 창건은 그러한 의미를 가지는 것이며, 이에 따라 조선왕조의 발상지로서 전주의 위상은 더 공고해졌다. 태조에게 함흥 일원은 그가 태어난 실제적인 고향이었으며, 전주는 선조들이 살았던 관념적인 고향이었다. 그러나 조경묘가 건립되어 왕업의 기원이 시조까지 올라가면서, 전주는 관념적인 고향을 넘어서 실제적인 왕실의 고향으로 자리하게 되었다.

조경묘 동편의 재실은 고종황제의 딸 황녀 이문용(1900~1987) 여사가 말년에 기거한 곳이다. 이문용 여사는 사상범으로 몰려 10여 년간 옥살이를 하였으며, 익산에서 삯바느질로 어렵게 살다가 말년 10여 년을 조경묘 재실에서 살았다. 황녀의 기구한 운명은 책으로 발간되고 드라마로 제작된 바 있다. 글씨를 잘 썼으며 그 작품이 전주역사박물관에 기증되어 있다.

Ⓐ 전북 전주시 완산구 태조로 44(풍남동 3가) 경기전 내

### 『조선왕조실록』을 지킨 전주사고 全州史庫

『조선왕조실록』은 태조대부터 철종대까지 총 25대 472년간의 역사를 기록한 것으로 국보 제151호이며, 1997년 세계기록문화유산에 등재되었다. 전주사고는 임진왜란 때 조선 전기 4대 사고 중 유일하게 『조선왕조실록』을 지켜낸 곳이다.

세종 21년(1439) 전주에 사고가 설치되었고, 세종 27년 처음으로 전주에 실록이 봉안되었다. 처음에 실록각 건물이 없어서 승의사에 보관했다가 진남루로 옮겨 봉안하였으며, 성종 4년(1473) 경기전 정전 동편 담 너머에 실록각

**전주사고** | 1991년 복원

을 건립하고 실록을 비롯한 국가 중요 서적을 보관하였다. 승의사는 현 한국전통문화전당 자리에 있었고, 진남루는 전주객사 뒤뜰에 있었다. 전당 앞에 이런 역사를 알리는 표석이 서 있다.

1592년 임진왜란이 발발하자 경기전 참봉 오희길, 정읍 태인의 선비 손홍록·안의와 그 가솔들, 희묵대사와 승병, 포수 100여 명 등이 태조어진과 함께 실록을 정읍 내장산으로 옮겨 1년간 수호하였다. 이후 아산, 해주, 강화도 등을 거쳐 1597년(선조30) 평안도 안변의 묘향산 보현사 별전으로 옮겨져, 왜란이 끝날 때까지 지켜졌다.

조선 전기 4대 사고 중에서 춘추관, 충주사고, 성주사고의 실록은 전란 중에 소실되었으나 전주사고의 실록만은 지역민들이 사력을 다해 수호한 결과 유일하게 보존되었다. 전주는 역사를 지켜낸 곳이다. 임진왜란 직전 전주사고에는 태조대부터 명종대까지의 실록을 비롯하여, 『고려사』와 『고려사절요』

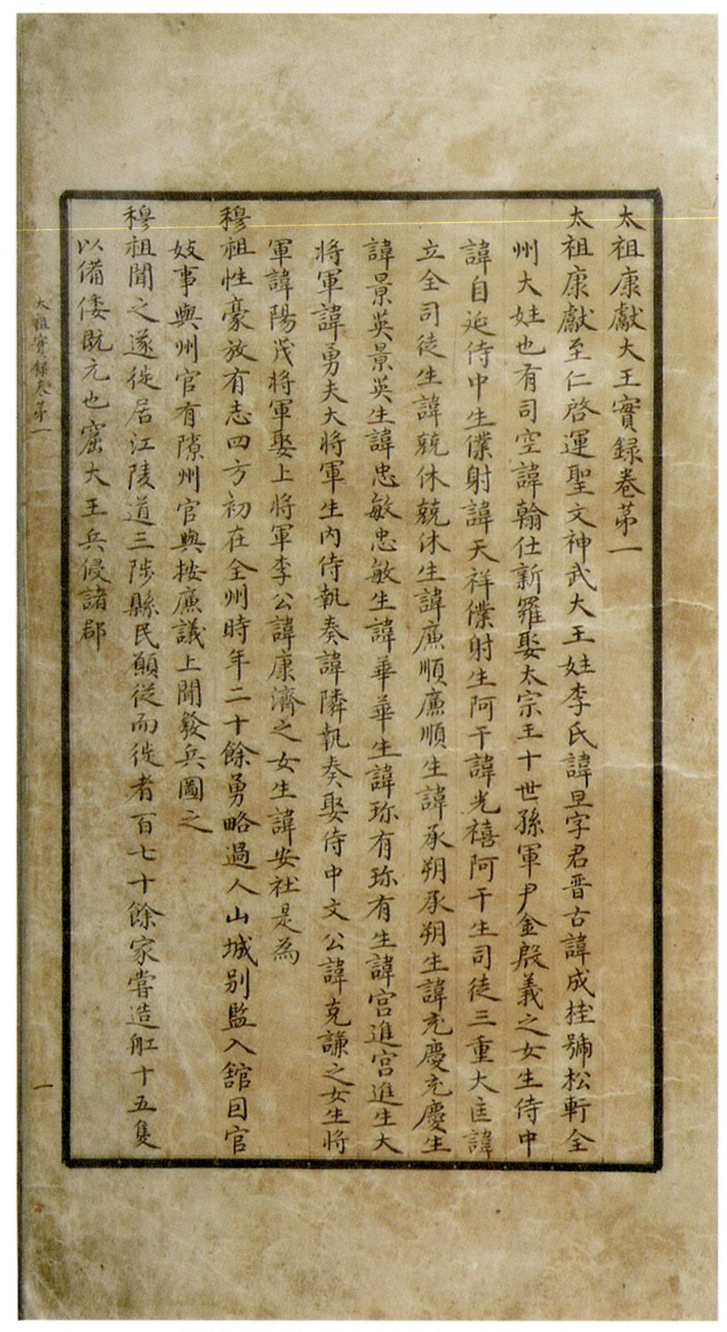
太祖康獻大王實錄卷第一
太祖康獻至仁啓運聖文神武大王姓李氏諱旦字君晋古諱成桂號松軒全
州大姓也有司空諱翰仕新羅娶太宗王十世孫軍尹金殷義之女生侍中
諱自延侍中生僕射諱天祥僕射生阿干諱光禧阿干生司徒三重大匡諱
立全司徒生諱兢休兢休生諱廉順廉順生諱承朔承朔生諱充慶充慶生
諱景英景英生諱忠敏忠敏生諱華華生諱珎有珎有生諱宮進宮進生大
將軍諱勇夫大將軍生內侍執奏諱隣執奏娶侍中文公諱克謙之女生將
軍諱陽茂將軍娶上將軍李公諱康濟之女生諱安社是爲
穆祖性豪放有志四方初在全州時年二十餘勇略過人山城別監入館因官
妓事與州官有隙州官與按廉議上聞發兵圖之
穆祖聞之遂徙居江陵道三陟縣民願從而徙者百七十餘家嘗造舡十五隻
以備倭旣元也窟大王兵侵諸郡

太祖實錄卷第一

一

**태조실록**(전주사고본) | 서울대학교 규장각 소장

등 국가 중요 서적 총 1,344책이 60궤에 담겨 보관되어 있었다.

왜란이 끝난 후 전주사고본을 저본으로 선조 36년(1603)부터 39년까지 실록을 다시 출판하여 조선 후기 한양 춘추관, 강화도 정족산사고, 평창 오대산사고, 봉화 태백산사고, 무주 적상산사고 등 5대 사고에 봉안하였다. 전주사고본 실록은 조선 후기 강화도 정족산사고에 보관되었다가, 현재는 서울대 규장각에 소장되어 있다.

전주사고는 임진왜란 후 철폐되었다가 1991년에 본래의 자리에 복원되었다. 전주사고는 조선 전기 4대 사고 중에서 유일하게 그 터가 확인된 곳이다. 전주사고 앞쪽 우편에 1987년에 건립한 '조선왕조실록보존기적비'가 서 있다.

전북 전주시 완산구 태조로 44(풍남동 3가) 경기전 내

## 예종대왕 태실과 비 睿宗大王胎室 · 碑 | 전라북도민속자료 26호

조선의 8대 왕 예종대왕의 태를 묻은 태실과 태실비이다. 본래는 완주군 구

**예종대왕 태실과 비** | 1578년(선조11)

**예종대왕 태항아리 내호(좌)와 외호(우)** | 조선시대 | 국립고궁박물관(내호), 국립중앙박물관(외호) 소장

이 태실마을 뒷산에 있었다. 왕가에서는 아이가 태어나면 태를 석실에 보관하였는데, 이를 태실이라 하며, 태실 주인이 왕위에 오르면 태실을 확장해서 조성하였다. 예종태실비에, 선조 11년(1578, 만력6)에 건립되었으며 영조 10년(1734) 다시 고쳐 세웠다고 되어 있다. 예종태실이 다른 곳에 있다가 선조 때 완주군 구이면 원덕리 태실마을 뒷산으로 옮겨졌던 것으로 보인다.

1928년 일제가 이왕직을 시켜서 전국에 있는 태실의 태항아리를 수습해 서울로 가져가면서 태실들이 훼손되었는데, 예종대왕 태실도 이때 훼손되었다. 이후 예종태실은 구이초등학교 북편에 옮겨졌다가 1970년 관리를 위해 경기전으로 옮겨졌다. 예종 태항아리 외호는 국립중앙박물관에, 내호와 지석은 국립고궁박물관에 소장되어 있다. 지석에는 예종이 1450년 1월 1일 유시에 태어나 1469년 10월에 태를 묻었다고 되어 있다.

 전북 전주시 완산구 태조로 44(풍남동 3가) 경기전 내

### 태조 주필지 오목대 梧木臺 | 전라북도기념물 16호

한옥마을 가장자리에 위치한 오목대는 경기전에서 동남쪽으로 약 500m 거리에 나지막하게 솟은 평퍼짐한 언덕바지이다. 향교 뒷산이 이목대이고, 이목대 뒷산이 오목대이다. 태조 이성계가 황산대첩을 거두고 돌아가는 길에 잔치를 벌였다는 곳으로, 광무 4년(1900)에 세운 고종 친필의 「태조고황제주필유지(太祖高皇帝駐蹕遺址)」 비와 비각이 있다. '주필'이란 왕이 머문 곳을 말한다. 황제라고 한 것은 1897년 대한제국 선포 후이기 때문이다.

오목대에 어린 이야기는 이렇다. 태조 이성계는 고려 말 우왕 6년(1380) 삼도 순찰사에 임용되어 남원 운봉에서 아지발도가 이끈 왜구를 토벌하였다. 귀경 길에 선조들이 살았던 전주에 들러 오목대에서 일가친지를 불러 모아 놓고 잔치를 베풀었다. 여기에서 술이 거나해진 이성계가 한나라를 창업한 유방이 불렀다는 '대풍가(大風歌)'를 읊어 새 나라를 세우겠다는 야심을 넌지시 비쳤다는 것이다. 이때는 이성계가 권력을 잡은 위화도회군(1388) 8년 전이므로 '대풍가' 이야기는 훗날 호사가들이 붙인 것으로 생각된다.

**오목대 비와 비각** | 1900년(광무4)

御製

臺在全州府東一里卽一尋常岡阜隆然而起昔我 藝祖南征凱還日召見宗族于此臺以是名而至今傳之歟蓋登斯而盡得城邑閭閻如視諸掌實全府之着目臺東有鉢山一稱發李山山下有滋滿洞邑誌云 穆祖家于此州民尚指點將軍樹虎隕石能言故蹟全州國家枌榆之鄕也一樹一石猶可以敬止況是臺與是山哉今歲春 肇慶壇奉審宰臣李載崐請令慶基殿官員守護而禁畊牧乃竪之碑而謹識如此

光武四年庚子二月 日

從一品崇政大夫洪陵提調臣金永穆奉

勅謹書

御筆

太祖高皇帝駐蹕遺址

**오목대비 탁본** | 『전라북도금석문대계』(전북역사문화학회, 2009)

당시 종사관으로 같이 왔던 정몽주는 홀로 말을 달려 남고산성 만경대에 올라 무너져 가는 고려왕조의 비애를 시로 읊었다고 한다. 당시 정몽주가 읊었다는 시는 남고산성 만경대 바위에 새겨져 있으며, 조선 초 관찬사서 『신증동국여지승람』, 전주부 만경대조에도 실려 있다.

Ⓐ 전북 전주시 완산구 기린대로 55(교동)

## 목조 이안사 구거지 이목대 梨木臺 | 전라북도기념물 16호

이목대는 목조 이안사가 전주를 떠나기 전에 살았던 구거지로 발산(鉢山) 자락에 있다. 발산은 승암산(중바위)에서 뻗어 나와 이목대, 오목대 등으로 이어지는 산으로, 목조가 이 발산 아래에 있는 자만동(滋滿洞)에서 살았다 한다. 그래서 발산을 이씨 왕조가 일어난 산이라 하여 발리산(發李山)이라고도 한다. 또 '梨木臺(이목대)'의 '梨(배꽃리)' 자를 '李(오얏리)' 자로 바꾸어 '李木臺(이목대)'라고도 한다.

광무 4년(1900) 이목대에 고종이 친필로 쓴 「목조대왕구거유지(穆祖大王

**오목대 육교 위에서 본 이목대비와 승암마을** | 1960~70년대
가운데 보이는 것이 이목대비 누각이다.

**이목대 목조대왕구거유지비** | 1900년(광무4)

舊居遺址)」 비와 비각을 세웠다. 이 비각은 오목대 맞은편, 육교 아래편에 있다. 현재의 비각은 철로가 철거되고 기린로가 뚫리면서 주택가 쪽으로 이전된 것이다. 목조에 관한 장군수(將軍樹)와 호운석(虎隕石) 설화가 전한다.

목조 이안사가 전주를 떠나 삼척을 거쳐 동북면으로 이주한 것은 지전주사(전주 지방관)와의 갈등 때문이다. 목조가 아끼는 관기를 산성별감의 수청을 들게 하자, 목조가 관기를 빼돌렸으며, 이로 인해 지방관이 목조를 처벌하려 하자 가솔들을 이끌고 삼척으로 이주하였다. 그런데 그 산성별감이 안렴사가 되어 삼척으로 오자 목조가 다시 동북면으로 이주해 갔다. 목조가 전주를 떠날 때 170호가 따랐다. 이는 목조가 전주의 토반이었음을 보여 주는 것이라고 할 수 있는데, 이와 달리 몽고와의 전쟁으로 인한 유이민 집단의 하나였다고 보는 설도 있다.

 전북 전주시 완산구 기린대로 55(교동)

## 조선 왕실 시조 묘역 조경단 肇慶壇 | 전라북도기념물 3호

조경단은 건지산에 있는 조선 왕실의 시조 이한의 묘역으로 광무 3년(1899) 조성되었다. 정방형의 단과 고종 친필의 「대한조경단비(大韓肇慶壇碑)」가 있다. 조경단 소재지는 덕진동으로 덕진연못을 지나 소리문화의 전당 못미처 우편 건지산 자락에 있다. 재실은 소리전당 못미처 큰길 좌편에 있다.

조경단 조성에 대한 논의는 건지산 기슭에 시조 이한공의 묘소가 있었다는 구전을 바탕으로 영조대에 있었다. 당시 그 실상을 얻지 못하여 묘역 조성은 중단되었으나, 근방의 민묘를 철거하고, 감독관을 두어 건지산 일대에서 사냥과 땔감 채취를 금하였다.

**조경단** | 1899년(광무3)

조경단비

조경단 단

**조경단 지석** | 조경단 조성 과정에서 출토된 지석이다.

고종 때 다시 논의가 재개되어 건지산 왕자봉(王字峯) 아래 상묘(上墓)와 하묘라고 불리는 두 개의 묘를 찾고, 그 묘 아래 단을 쌓아 묘역을 조성하고 조경단이라고 하였다. 정방형의 단을 쌓은 것은 묘의 정확한 위치를 모르기 때문이다. 제례 시에는 이 단에 제상을 차리고, 시조의 체백이 들어와 흠향할 수 있도록 담자락의 문을 열어 놓고 제를 지낸다. 시조 이한만 모시고 시조비는 모시지 않는다.

전북 전주시 덕진구 덕진동 1가 산28(소리문화의 전당 앞 부근)

## 회안대군 이방간 묘소 懷安大君芳幹墓 | 전라북도기념물 123호

우아네거리에서 26번 국도를 따라 진안으로 빠져나가는 소리개재를 막 넘어서, 오른편으로 난 길을 따라 들어가면 원금상마을이다. 회안대군 방간 부부의 묘가 멀리 진안 방면 곰티재로부터 굽이쳐 내려와 이 마을을 두르고 있는 법수메[法史山] 자락에 있다.

회안대군 묘역

'금상(今上)'이 '지금 임금'을 가리키는 말이라는 점에서 금상동이라는 지명이 예사롭지 않다. '법사산'이라는 이름도 그렇다. 이런 지명이 언제 붙었는지는 몰라도, 왕자의 난을 일으켜 방원(태종)과 자웅을 겨룬 회안대군 묘역이 있는 곳이라는 점에서 묘한 여운을 남긴다.

회안대군 이방간과 그 부인의 묘는 마을로 뻗은 산 잔등 끝자락, 동네 길가 바로 위에 있다. 부부 묘가 특이하게 위아래 세로로 모셔져 있는데, 위가 방간의 묘이고 아래가 부인의 묘이다. 군왕이 나올 명당으로 뜸을 떠서 지기를 끊었다는 유명한 이야기가 전하다. 지금도 산허리에 파 놓은 구멍들이 남아 있다. 사람들은 이를 '뜸 터'라고 한다.

방간의 죽음에 대해 실록에는 충청도 홍성에서 병사했다고 되어 있다. 그런데 회안대군신도비에는 방간이 세종 2년 사면을 받아 서울로 올라가다가 충청도 은진에서 병사하였다고 되어 있다. 그것도 방간이 서울행을 거절하다 왕명을 거역하지 못해 어쩔 수 없이 서울로 향했었다는 것이다. 태종이 상왕으로 있을 때이다. 그의 죽음이 예사롭지 않음을 시사해 준다.

분묘 바로 아래, 길가에 회안대군신도비와 재실이 있다. 회안대군 재실 옆에는 그 셋째 아들 금성군의 재실이 있으며, 금성군 내외의 묘소는 북쪽 등성이에 있다. 동학농민혁명 때 태조어진을 위봉산성 행궁으로 이안하면서 회안대군 재실 광감재에서 하루를 묵었다.

전북 전주시 덕진구 금상동 59-5

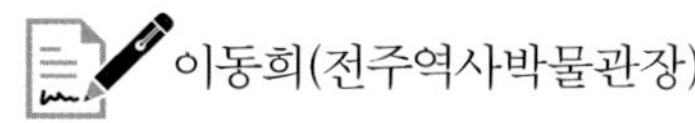
이동희(전주역사박물관장)

## 답사 코스

경기전(조경묘, 전주사고, 예종태실, 어진박물관) → 오목대 → 이목대(이상 한옥마을) → 조경단(덕진동) → 회안대군묘(금상동)

3장

# 동학농민군의 전주성 입성 길과 전투지

## 개요

동학농민혁명은 1894년(고종31) 1월 고부농민봉기가 도화선이 되어 전국적으로 확산된 농민운동이다. 고부군수 조병갑의 횡포에 대한 민란에서 시작된 동학농민혁명은 무장·백산에서의 봉기를 거쳐 반봉건·반침략의 성격을 띠게 된다. 이윽고 정읍 황토현과 장성 황룡촌 전투에서의 승리에 힘입은 동학농민군은 전주성을 점령하였고, 조선 정부군과 치열한 전투를 벌였으며, 전라

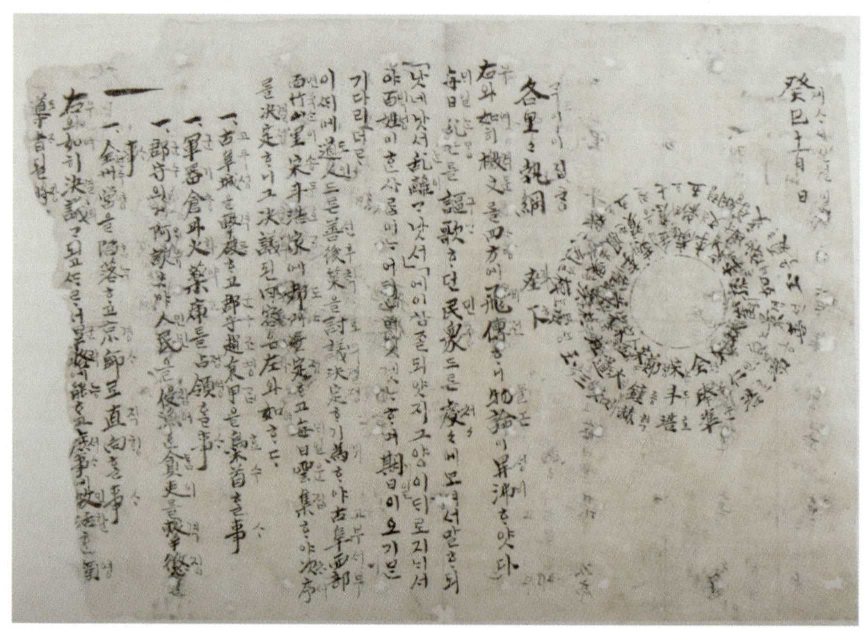

**사발통문** | 1893년(고종30) | 개인 소장

감영 선화당에 집강소를 설치하여 관민협치(官民協治)를 실현하였다.

1894년 동학농민혁명은 인간 존중의 정신을 온몸으로 실천한 민중운동이었으며, 한국 근대사의 방향을 결정하고 더 나아가 동아시아의 질서를 개편한 역사적 사건이라고 할 수 있다. 이러한 역사적 사건의 한가운데에 전주가 자리 잡고 있음을 전주에 살고 있는 우리가 제대로 알지 못하는 것은 매우 안타까운 일이 아닐 수 없다. 1894년이라는 시간 속 전주라는 공간에서 동학농민혁명이라는 역사적 사건이 전개되었고, 그 역사적 현장이 지금도 우리 곁에 남아 있다. 전주성 함락을 위한 진입로였던 삼천과 용머리고개, 완산전투의 현장이었던 황학대와 유연대, 전주성 점령의 진격지 전주성 서문 터와 풍남문·경기전, 집강소 총본부였던 전라도 좌우도 대도소 터(전라감영 터) 등에 그 흔적이 남아 있다. 또한 현대에 와서는 동학농민혁명을 기념하여 동학농민혁명기념관이나 추모비 등 기념물을 설치하기도 하였다. 지금부터 그 역사적 현장을 찾아가 보자.

### 삼천 三川

1894년 3월 무장에서 일어난 농민군들은 전라도 일대를 석권한 뒤 전주성 함락을 위해 북상하였다. 동학농민군은 고부 황토현과 장성 황룡에서 전라감영군과 경군을 차례로 물리치고 장성 → 고부 → 태인 → 원평 → 삼천 → 용머리고개를 거쳐 전주성을 점령하였다. 동학농민군은 4월 25일 원평에서 숙영한 뒤 4월 26일 바로 삼천 일대에서 하루를 숙영하고 다음 날 전주성을 점령하였다.

Ⓐ 전북 전주시 완산구 효자동 1가 410-23 일원

## 용머리고개 龍頭峙

1894년 4월 26일 삼천에서 하룻밤을 숙영한 동학농민군은 27일 정오 무렵 용머리고개에서 대포를 쏘고 함성을 지르며 전주성으로 진격하였다. 이미 전라감사 김문현은 성을 비우고 도망간 상태로 동학농민군은 전주성에 무혈 입성하였다.

충청도 유생 이복영의 일기 『남유수록』에는 동학농민군 전주성 입성 당시의 상황을 "갑자기 용두현에서 붉은 깃발이 몰려오고 수천 명이 에워싸서 크게 소리를 질러 말하기를, '백성들은 안심하고 상인도 안심하고 장사하며, 멀리 가는 사람도 걱정 말고 떠나가도 되니 모두 놀라지 말라.'고 하고는 천천히 길게 앞으로 몰려 나왔습니다."라고 기록하고 있다.

장성 황룡전투에서 동학농민군에게 패한 후 농민군 뒤를 쫓아오던 초토사 홍계훈은 4월 28일 경군을 이끌고 용머리고개에 도착한 후 오른쪽의 완산칠봉에 군대를 배치하고 전주성을 공격하였다. 이때부터 전주성 안의 동학농민군과 용머리고개와 완산칠봉 일대에 진을 친 경군 사이에 치열한 공방전이 벌어졌다. 그 가운데 가장 큰 전투는 5월 3일 농민군 수천 명이 남문을 열고 나와 용머리고개와 완산칠봉에 진을 친 경군을 공격한 전투이다. 이 전투에서 전봉준은 다리에 총상을 입었고, 김순명과 소년 장수 이복용 등 수백 명이 전사하는 등 동학농민군이 크게 피해를 입었다.

따라서 용머리고개는 동학농민혁명 과정에서 가장 큰 의미가 있는 역사적 현장이라고 할 수 있다. 그러나 현재 용머리고개 주변에는 동학농민군이 용머리고개를 거쳐 전주성에 입성했다는 사실이나 동학농민군과 경군이 접전을 벌였다는 사실을 알리는 안내판이나 표지석이 설치되어 있지 않다. 용머리고개는 동학농민혁명의 역사적 현장으로서 잊혀져서는 안 되는 장소이다.

전북 전주시 완산구 완산3길 29-8(서완산동 1가) 일대

## 완산전투지 完山戰鬪址

동학농민군이 전주성을 점령한 이후 뒤따라온 홍계훈이 이끄는 경군 사이에 전주성을 둘러싸고 공세가 뒤바뀐 채 크게 세 차례의 전투가 전개되었다. 이 전투는 대부분 완산칠봉과 주변의 황학대와 유연대에서 이루어졌다. 이를 완산전투라고 한다. 첫 전투는 4월 28일 저녁 6시경에 일어났다. 홍계훈이 이끄는 경군이 전주성 안으로 대포 3발을 발사하자 농민군 수천 명이 서문과 남문을 열고 완산을 향해 진격하였다. 남문에서 나온 농민군은 흰 천으로 휘장을 만들어 앞을 가리면서 산의 남쪽을 따라 올라오고, 서문에서 나온 농민군은 산의 서쪽으로부터 올라왔으며 성내의 보루에서 농민군이 열을 지어 서서 일제히 관군을 향하여 포를 쏘았다. 이에 완산에 주둔하던 경군도 일제히 포를 발사하였다. 이 전투에서 농민군 수백 명이 죽거나 체포되었다. 완산전투의 첫 싸움에서 농민군은 적지 않은 손실을 입고 패배하였다. 4월 29일에는 농민군이 북문을 열고 나와 황학대(현 신흥중 자리)를 공격하였으나 경군의 화포 공격에 백여 명의 희생자를 내고 물러났다. 30일에는 경군이 격문을 내며 싸움을 부추겼지만 농민군이 이에 응하지 않았다. 5월 1일에는 농민군이 남문을 열고 경군을 공격했으나 이때에도 경군의 화포 공격으로 300여 명의 희생자를 냈다. 2일에도 경군은 전주성을 향해 포격을 퍼부었고, 이에 농민군은 서문을 열고 나와 용머리고개의 경군을 공격했으나 경군의 화포 공격으로 농민군은 희생자를 냈다.

전주성을 배경으로 한 농민군과 경군의 최대 격전은 5월 3일 벌어졌다. 농민군은 이날 10시경부터 서문과 북문으로부터 돌진하여 사마교(현 다가교 자리)와 부근의 하류를 건너 유연대(현 기전여대 자리)를 공격하였다. 농민군의 대대적인 공격을 받은 유연대 부근의 경군은 남쪽으로 달아났다. 농민군은 이를 추적하여 다가산을 점령한 다음 남진하여 용머리고개를 가로질러 경군의 본영이 있는 곳까지 육박하였다. 그러나 농민군은 여기에서 경군 본영으로부터 대포 공격을 집중적으로 받아 용장 김순명, 소년 장수 이복용을 비롯하여 500여 명의 전사자를 내고 성안으로 물러났다. 동학농민군은 이 완산

완산전투지 위성 사진

전투에서 막대한 타격을 입었다.

완산전투는 완산칠봉과 황학대 그리고 유연대에서 이루어졌다. 특히 완산칠봉 어딘가에는 동학농민군 유골이 묻혀 있을 가능성도 매우 높다. 그리고 황학대와 유연대 역시 동학농민혁명의 중요한 역사적 현장이다.

전북 전주시 완산구 평화동 1가 산43번지 일대(완산칠봉)
전북 전주시 완산구 중화산동 2가 산119 일대(황학대와 유연대)

## 동학농민군 전주입성비

1991년 8월 전라북도 문화재위원회에서 건립하였다. 완산칠봉에 세워진 이 기념비의 글은 전영래·조병희가 지었으며 김윤길이 썼다. 동학농민군의 전주성 점령과 관련된 유일한 기념물이다. 기념비가 세워진 완산칠봉은 동학농

**동학농민군 전주입성비**

민군과 경군이 치열하게 전투를 벌인 장소다. 기념비 전면 하단부에 새겨진 비문에는 동학농민군이 기포한 이후 벌인 황토현전투와 황룡전투 등이 간략하게 기록되어 있다. 그리고 4월 27일 전주 입성 사실, 5월 8일 전주성에서 철수하기까지 완산칠봉에서 치열한 전투를 벌였다는 사실을 기록하고 있다.

전북 전주시 완산구 매곡로 35-29(서서학동)

## 풍남문 豐南門

동학농민혁명 당시인 1894년 4월 27일 동학농민군이 전주성을 점령할 때 공략하여 진격해 들어간 곳이다. 이 풍남문은 동학농민혁명과 관련하여 중요한 의미를 지닌다. 동학농민군이 전주성을 점령할 때 이곳을 공략하여 진격해 들어갔고, 전주성을 점령하고 있던 농민군과 외곽을 포위하고 있던 관군 사이에 치열한 접전이 벌어진 곳이기도 하다.

농민군이 전주성을 점령한 다음 날 경군을 이끌고 전주성에 도착한 초토사 홍계훈은 전주성 남쪽 완산에 진을 치고 전주성 안을 향해 대포를 쏘아 댔다. 이에 대응하여 농민군 수천 명이 서문과 남문을 열고 돌진해 나왔다. 이때 풍남문으로 나온 농민군은 흰 천으로 휘장을 만들어 앞을 가리면서 공격하였다. 성내의 농민군도 보루 위에 올라가 일제히 관군을 공격하다가 저녁 무렵 성안으로 물러났다. 풍남문은 조선시대 전라감영의 소재지였던 전주를 둘러싼 옛 읍성의 남쪽 출입문이다. 풍남문은 보물 제308호로 지정되어 있다. 풍남문을 설명하는 안내판에서 풍남문이 동학농민혁명과 관련되어 있다는 사실이 기록되어 있지 않다.

전북 전주시 완산구 풍남문3길 1(전동)

### 경기전 慶基殿

동학농민혁명 당시인 1894년 4월 27일 동학농민군이 전주성을 점령한 이후 뒤쫓아온 초토사 홍계훈이 4월 28일 완산칠봉 쪽에서 진을 치고 성안의 농민군에게 포격을 가하는 과정에서 훼손되기도 했다. 농민군이 전주성을 점령할 당시 전라감사 김문현은 이미 도주하고 없었으며, 남아 있던 판관 민영승이 경기전의 태조어진과 조경묘의 위패를 받들고 동문 밖으로 빠져나가 위봉사에 안치하였다. 경기전 훼손에 대해 홍계훈은 책임을 농민군에게 씌우려 하였다. 그러나 전봉준은 5월 4일 홍계훈에게 보낸 소지에서 홍계훈이 대포를 발사하여 경기전을 훼손한 사실을 질책하였고, 다음 날 신임 전라감사 김학진에게 보낸 문서에서도 초토사 진영이 쏜 포에 의해 경기전이 파괴된 사실을 알리고 있으며, 체포 후 공초에서도 이 사실을 다시 언급하고 있음을 볼 때 홍계훈이 이끄는 관군이 쏜 대포에 의해 경기전 건물 부분이 파괴되었음을 알 수 있다.

전라북도 전주시 완산구 태조로 44(풍남동)

### 전주동학혁명기념관 全州東學革命記念館

이곳은 천도교에서 동학농민혁명 100주년을 기념하여 건립한 기념관이다. 이 기념관은 1994년 말에 착공하여 1995년 5월 31일 준공되었다. 동학과 천도교 관련 자료를 전시함으로써 '동학의 역사와 정신, 그리고 그 꿈과 비전을 현장하기 위한' 목적을 가지고 개관하였다. 지하 1층 지상 3층의 연건평 270평 규모로 지하에는 기념관 사무실과 천도교 사무처가 있으며 1층은 회의실, 2층은 전시실, 3층은 동학문화예술센터가 자리 잡고 있다. 전시실에는 주로 고인이 된 이종학 선생이 기증한 동학 관련 자료들이 전시되어 있다. 주요 전시품으로는 사진 97점, 공문서 47점, 책 사본 81점, 책 12점, 동상 1점(해월 신사), 병풍 1점 등이다. 이 기념관은 특히 전주 한옥마을 내에 위치하고 있으므로 한옥마을 방문할 때 찾아가 볼만하다.

전라북도 전주시 완산구 은행로 34(풍남동 3가)

전주 동학혁명기념관

## 전라 좌우도 대도소터 全羅左右道大都所址(전라감영터)

옛 전라북도 청사는 조선시대 전라감영이 있었던 곳이다. 그리고 이 전라감영의 정청인 선화당은 동학농민혁명 당시 전라 좌우도 대도소가 설치되었던 곳이다. 전라감영 터는 전라북도기념물 제107호로 지정되어 있고, 감영 터에 세워진 안내판에는 전라감영에 대한 설명과 동학농민혁명 당시 집강소 총본부인 전라도 좌우도 대도소가 설치되었던 곳임을 간략하게 언급하고 있다.

동학농민군이 전주성을 점령한 이후 조선 정부의 파병 요청에 따라 청나라 군대가 들어오고 이어 일본군도 조선에 들어왔다는 소식이 알려졌다. 이에 동학농민군은 조선이 청일 양국의 전장이 되어서는 안 된다는 생각으로 동학농민군 최고 책임자 전봉준과 초토사 홍계훈 사이에 협의를 통해 이른바 전주화약을 맺고 관군에게 전주성을 내어주고 전주성에서 물러났다. 동학농민군이 전주성을 내주고 나올 때 관군 측과 맺은 전주화약의 핵심은 농민군이 제시한 폐정개혁안 27개조를 국왕에게 보고한다는 것이었다. 전주성에 나온 동학농민군들은 전봉준과 김개남이 전라 좌우도로 나누어 순회하면서 동학농민군 세력을 계속 유지하였다.

그러나 일본군이 경복궁을 점령하고 일본의 내정간섭이 심해지자 7월 6일 전봉준과 전라감사 김학진은 관민상화의 원칙에 따라 전라도 53개 군현에 집강소를 설치하기로 합의하였다. 선화당은 전라감사의 집무실로 전라도의 행정의 중심 공간이었다. 전봉준은 김학진과의 타협 이후 이곳 선화당에서 집무하면서 김학진과 함께 전라도의 행정을 장악하였다. 집강소는 동학농민군의 도소를 개편한 것으로 폐정개혁을 추진한 기구였다. 집강소를 역사상 최초의 민중 권력기관 또는 근대 민주정치의 효시로 본다면 선화당의 역사적 중요성과 그 의미는 매우 크다 할 수 있다. 선화당은 동학농민군의 집강소 통치와 관련하여 가장 상징적인 공간으로 관민상화(官民相和)의 원칙에 따라 관민협치(官民協治)가 실현된 곳이다.

Ⓐ 전라북도 전주시 완산구 전라감영로 57(중앙동, 구 전북도청)

### 전주성 서문 터

전주성 서문은 동학농민군이 전주성을 점령할 때 진격해 들어간 곳이다. 1907년 신작로를 낸다고 하면서 풍남문을 제외한 전주성 성곽과 성문을 모두 철거하였다. 서문이 있었던 자리에는 '전주부성서문지(全州府城西門址)'라는 표지석만이 남아 있을 뿐이다. 이 표지석은 1991년 전주시에서 설치하였는데 동학농민혁명과 관련된 사실은 전혀 언급되어 있지 않다.

전주성 서문은 동학농민혁명 당시 동학농민군이 전주성을 점령할 때 처음 들어간 곳이라는 데 큰 의미가 있다. 이와 관련하여 부여 유생 이복영의 『남유수록』에는 다음과 같이 전주성 입성 과정이 설명되어 있다.

> 이때는 4월 27일 전주 서문 밖 장날이라. 무장, 영광 등지로부터 사잇길로 사방으로 흩어져 오던 동학군들은 함께 섞여 미리 약속이 정하여 있던 이날에 수천 명의 사람들은 이미 다 시장 속에 들어와 있었다. 때 오시(오전 11시~오후 1시)쯤 되자 장터 건너편 용머리고개에서 일성의 대포 소리가 터져 나오며 수천 방의 총소리가 일시에 시장판을 뒤덮었다. 별안간 난포 소리에 놀란 장꾼들은 정신을 잃어버리고 뒤죽박죽이 되어 헤어져 달아났다. 서문으로 남문으로 물밀듯이 들어가는 바람에 동학군들은 장꾼들과 같이 섞여 문안으로 들어서며 한편 고함을 지르며 한편 총질을 하였다. 서문에서 파수 보는 병정들은 성안에서 모두 동학군의 소리요 성 밖에도 동학군의 소리다. 이때 전봉준 대장은 천천히 대군을 거느리고 서문으로 들어와 좌를 선화당(宣化堂, 감사의 집무실)에 정하니 어시호 전주성은 이미 함락되었다.

전라북도 전주시 완산구 다가동 1가 128번지

### 전봉준全琫準 장군 동상 · 김개남金開男 장군 추모비 · 손화중孫華仲 장군 추모비

전주 덕진공원은 동학농민혁명과 직접적인 관련이 없는 곳이지만 현재 덕진공원 안에는 동학농민혁명 3대 지도자인 전봉준 선생상, 김개남 장군 추모비, 손화중 장군 추모비가 한 구역에 세워져 있다. 전봉준 선생상은 1981년 10월 한국청년회의소 제30차 전국대의원대회를 기념하여 전주청년회의소와 풍남청년회의소에서 건립하였으며, 배형식 제작, 이상비 글을 이규진이 새겼다. 기단부에는 '보국안민'이라는 글귀가 새겨져 있다. 전봉준 선생상은 동학농민혁명과 관련하여 전주 지역에서 최초로 세워진 기념 조형물인데, 12·12군사쿠데타 세력인 신군부 정권이 취약한 정권의 정통성을 미화하고자 하는 차원에서 추진한 '황토현 갑오동학 유적지 정화 사업'과 같은 맥락에서 세워진 것이다. 동상은 전봉준 장군이 패랭이를 쓰고 한 손에 사발통문 뭉치를 움켜잡고 있는 형상을 하고 있으나, 얼굴을 비롯하여 전체적인 동상의 분위기가 전봉준 장군의 모습과는 거리가 멀다.

김개남 장군 추모비는 동학농민혁명 3대 지도자 중 한 사람인 김개남 장군을 추모하기 위해 세운 비이다. 1993년 5월 '김개남 장군을 추모하는 사람들'

전봉준 선생상

김개남 장군 추모비

손화중 장군 추모비

에 의해 조성되었다. 이 비는 강희남 글, 신영복 글씨로 제작되었다.

손화중 장군 추모비는 동학농민혁명 3대 지도자 중 한 사람인 손화중 장군을 추모하기 위해 세운 비이다. 1998년 11월 7일 '손화중을 추모하는 사람들'에 의해 조성되었다. 최현식이 글을 짓고 여태명이 글씨를 썼다. 상단에는 '사람이 한울이다' 하단에는 '보국안민 척양척왜'라는 글귀가 있다.

전라북도 전주시 덕진구 권삼득로 390(덕진동, 덕진공원 내)

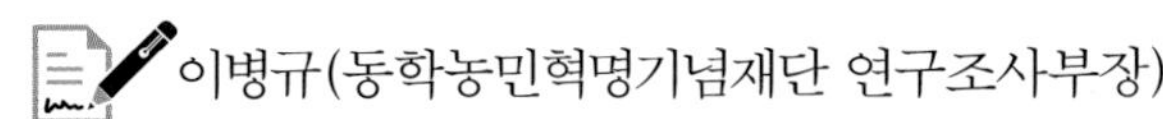


## 답사 코스

삼천 → 용머리고개 → 완산칠봉(전주입성비) → 풍남문 → 경기전 → 동학혁명기념관 → 전라감영 터(전라 좌우도 대도소 터) → 전주성 서문 터 → 황학대 및 유연대 → 전봉준 선생상 · 김개남 추모비 · 손화중 추모비(덕진공원)

4장

# 일제강점기 억압과 저항

## 개요

전통도시 전주에서 근현대 문화유산을 찾아다니는 것은 근현대 전주의 역사를 더듬어 가는 작업이다. 전통적 성격이 두드러져 최근 100년의 역사가 크게 다가오지 않기 때문에 일제강점기 전주 모습을 쉽게 그려내지 못하고 있다. 반면 일본 제국주의가 조선을 식민지로 만들 때 전통도시는 파괴의 주 대상지였기 때문에 전통의 자산이 많이 사라졌고 식민지성 근대 자산이 자리를 차지했다. 해방 후 급격한 도시화 과정을 통해 근대 자산은 보존이 아닌 더 나은 근대를 위해 폐기되어야 할 것이었다. 도시는 파괴와 창조의 과정을 반복하였고 남을 수밖에 없는 전통과 근대의 자산만 살아남았다.

일제의 지배를 받아야만 했던 역사는 기억에 의존할 수밖에 없다. 친일의 자산은 연명되었지만 반일의 저항은 제거의 대상이었기 때문이다. 일제강점기 지역사에 대한 관심은 식민지 지배 속에서 지역민들이 어떻게 억압당하고 저항했는가에 대한 지역의 민족주의적인 지적 욕구로부터 출발한다. 일제강점기 전주에서는 많은 일들이 일어났다. 강제된 도시화 과정은 전통적 삶의 공간을 재편해 나갔고, 식민 지배에 대한 저항은 곳곳에 그 역사적 장소성을 부여해 놓았다. 역사적 장소를 찾아 떠나는 일제강점기 억압과 저항의 역사는 문화유산의 역사성과 장소성에 집중된다. 문화유산 자체의 의미를 이해하는 것이라기보다는 유산의 역사성과 기억의 재전승에 중점을 둘 수밖에 없다.

## 항일학생운동기념비

전주교육대학교 교정에 세워진 항일학생운동기념비는 1945년 체포된 '우리회'의 항일 활동을 기념하기 위한 것이다. 우리회는 1942년 6월경 전주사범학교(현 전주교육대학교) 학생들이 당시 사범학교 교장이었던 쓰시마가 조센징이라는 말을 자주 하면서 노골적인 민족 차별을 자행하자 조직적인 독립운동을 위해 조직한 비밀 모임이다.

우리회는 첫째, 우리들은 어머니를 잊자! 대사를 일으킴에 있어 모정이 앞서서는 나약해지고 저해가 된다. 둘째, 우리들은 함께 살고 함께 죽자! 이탈행위는 절대 금물이다. 셋째, 우리들은 하나의 무명용사가 되자! 명예도 지위도 다 팽개치고 평등한 처지에서 조국의 독립을 위하여 오로지 투쟁한다. 넷째, 우리회의 목적을 달성하기 위하여 적극적인 수단으로 학업을 중단하고 선발대로서 독립운동의 온상인 만주로 국경을 넘어가 활동한다. 다섯째, 우리

항일학생운동기념비

의 뜻이 이루어지지 않을 때에는 우선 학업을 계속하고 졸업 후에 임지를 함경도나 평안도 두메산골로 희망하여 발령을 받도록 지원하여 만주에 인접한 곳의 학교 교사로 부임하여 만주에서 활약하고 있는 독립운동가들과 신속하게 연결을 갖도록 한다는 행동 강령을 수립하고 독립운동가를 배출하였다.

김학길, 박완근, 이동원, 이일남 등이 만주로 가서 독립운동에 가담하였고, 국내에서는 길동순, 이종원, 권상룡, 김용규 등을 중심으로 매월 우리회 모임을 가지면서 독립 자금을 모으고 친일파를 응징하거나 일장기 훼손과 민족 차별에 대한 항의를 계속하였다. 우리회의 활동은 만주에서 돌아와 순창농업학교에서 활동하고 있던 조영철이 체포되면서 1945년 1월 모두 체포되었다. 이때 체포된 사람은 김학길, 이일남, 박완근, 조영철, 권상룡, 길동순, 이종원, 김종규, 이경식, 고병석, 노동우, 나동섭, 신동빈, 오진동, 이동원, 임재혁, 박종한, 김성근 등이다.

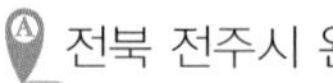
전북 전주시 완산구 서학로 50(동서학동) 전주교육대학교 내

## 전주 3·1운동 기념비

전주 3·1운동은 3월 13일 시작되었다. 전라북도 장관의 보고에 의하면 13일 정오 전주 신흥학교와 기전여학교 학생들이 태극기를 들고 남문 밖 시장 부근에서 제2보통학교(현 완산초등학교로 당시 현 전주교육대학교 부속초등학교에 위치) 운동장 근처에서 남부시장을 통해 남문을 거쳐 전주우체국까지 시위를 벌였다. 경찰에 의해 제지당하자 당일 오후 3시경 남문시장에서 옛 전주성 성벽 길을 따라 다가동 쪽으로 시위를 계속하였다. 저녁 9시경에는 도청 앞에서 만세를 외치고 북쪽으로 가기도 하였다. 이날 74명이 검거되었다. 이튿날 오후 3시경 김제 방면에서 전주로 넘어오는 용머리고개를 넘어 300여 명이 다가동까지 만세 시위를 벌였고 저녁까지 산발적으로 시위를 이어 갔다.

이처럼 전주의 만세 시위는 평화동에서 싸전다리를 넘어 남문을 통해 전주 우체국까지 이르는 길과 남문에서 옛 다가동 지구대(서문 터)에 이르는 길 그

**전주 3·1운동 기념비**(신흥고등학교)

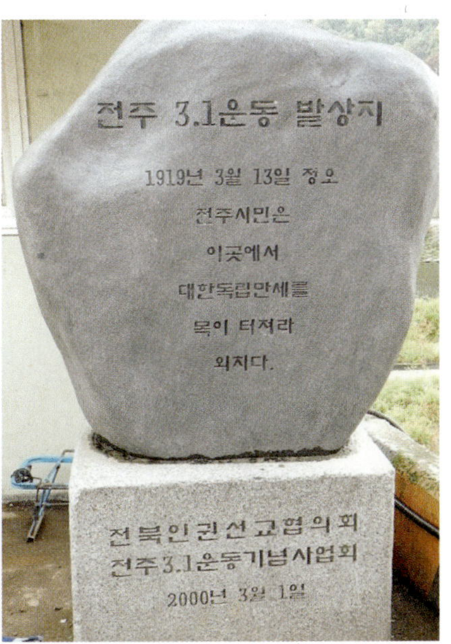


**전주 3·1운동 발상지비**(매곡교)

리고 용머리고개에서 옛 도청사로 이르는 곳에서 일어났다. 일제는 곳곳에서 시위대를 해산시켰으며, 소방조는 시위대에 빨간 물감을 뿌린 뒤 검거하기도 하였다. 3월 13일과 14일에 걸친 전주 3·1운동으로 천도교인, 기독교인, 남녀 학생, 시민 등 총 164명이 검거되었다. 이후 전주 지역에서는 만세 시위가 끊이질 않았는데, 6월까지 총 21회의 만세 시위가 있었고 만세 시위 참여자는 5만여 명에 달하였으며 556명이 투옥되었다.

전주에는 두 곳에 3·1운동 기념비가 세워져 있다. 전북인권선교협의회와 전주3·1운동기념사업회에서 2000년 3월 1일 전주신흥고등학교 교정에 세운 "전주 3·1운동 기념비"와 남부시장 매곡교 초입에 세운 "전주 3·1운동 발상지"비이다.

전북 전주시 완산구 서원로 399(중화산동 1가) 신흥고등학교 내(전주 3 · 1운동 기념비)
전북 전주시 완산구 동완산동 매곡교 앞(전주 3 · 1운동 발상지비)

**전주신사** | 일제강점기 | 개인 소장

## 전주신사 터와 호국영렬탑

전주에 신사가 세워진 것은 언제일까? 『전주부사』에 의하면 일본의 강점 직후 몇몇 일본 사람들이 목조의 도리이(鳥居)를 다가산 정상에 세우고 요배소(遙拜所)를 만들었다고 한다. 전주신사 건립은 메이지 천황이 죽고 난 이후 본격적으로 착수되었다. 당시 전라북도 장관인 이두황을 비롯 지역 유지들이 전주신사 및 공원 건설 위원으로 9천여 원을 거출하였고, 다가산 부근 1만 1,800평 등의 땅을 고사동의 이건호 외 3명이 기부하여 공사에 착수,

**전주신사 사호석**

호국영렬탑

1914년 10월 완공되었다. 이리하여 다가산 정상에는 신사와 사무소가 건립되고 다가산 밑 광장 현재 천양정 앞에 신성한 지역임을 표시하는 웅장한 석조 도리이가 세워졌다.

이후 이강원, 김도홍, 이준상, 유익환, 문문교, 백인숙 등이 포함된 총 12명의 전주신사강위원(全州神社講委員)이 위촉되었고, 1916년 2월 신사 창립을 조선총독부에 출원하여 9월에 인가를 받았다. 당시 구성된 창립 위원으로 김영철, 박영래, 신언태, 박기순 등의 전주 지역 유지들이 참여하였다. 신사 창립 이후 숭경자총대회(崇敬者總代會)가 조직되어 신사를 관리 운영하게 되고 인창환, 백남혁, 김봉철 등이 활동하였다.

한편, 일본은 1935년경 이후 신사참배를 강요하였다. 우선 각급 학교 학생들에게 신사참배를 강요하는 한편 이를 거부한 신흥학교, 기전학교를 1937년 폐교시켰다. 강제적인 신사참배가 계속되자 1939년 전주신사는 신사 확장을 위한 대규모의 공사에 착수하였다. 총 25만 868원 규모의 전주신사 확장을 위해 추가 용지 27,000평 중 8,000평을 미국 예수교 남장로파 조선교회유지재단의 강제적인 협조를 받았으며, 나머지는 지역 유지의 기증으로 이루어졌다. 이로써 전주신사는 38,600평에 달하는 거대한 신사로 다시 태어났다. 해방 후 전주신사는 모두 파괴되어 흔적조차 남아 있지 않다. 일본 제국주의 식민지 지배 상징이었던 전주신사가 있었던 곳에 '호국영렬탑'이 세워져 있다. 호국 영령의 순국을 기리기 위해 세워진 이 비는 1957년 10월에 건립되었다. 일본 왕의 흔적을 호국영렬탑으로 눌러 식민 지배의 잔재를 끊어 버리려는 상징적 의미를 담고 있다. 호국영렬탑 앞에 있던 전주신사의 명칭이 새겨진 사호석(社號石)은 전주역사박물관으로 이전하여 교육 자료로 활용하고 있다.

다가산 밑에는 전주 서문교회 담임목사로 전주 3·1운동을 지원하였던 김인전 목사의 기념비와 전북 지역 목회자 중 창씨개명을 거부한 배은희 목사의 기념비가 세워져 있다. 김인전 목사는 3·1운동 이후 상해로 망명하여 대한민국임시정부 의장을 지내는 등 독립운동에 헌신하였으며, 배인전 목사는 여성계몽운동에 앞장섰다.

전북 전주시 완산구 중화산동 1가 150-3 다가공원 내

### 전국 최초 독립기념비와 전주초등학교 봉안전 터

전주초등학교 정문을 들어서면 왼쪽으로 독립기념비가 세워져 있다. 독립기념비는 해방된 3개월 뒤인 1945년 11월 15일 세워졌다. 독립기념비는 교회 선교활동을 위해 결성된 청년결사대에서 활동했던 배운석(전 전주고등학교장), 최한규, 이병기 등이 세운 것으로 전해지고 있으나 건립에 관한 상세한 내용은 확실하지 않다.

독립기념비는 전면에 전서체로 "獨立記念碑"라 쓰여져 있고, 왼쪽 면에 "단기 4278년 11월 15일"이라 새겨진 것 이외 다른 내용은 알 수 없다. 전면 글

**전주초등학교 봉안전** | 『전주 상생공립국민학교 졸업기념 사진첩』(1943년) | 전주역사박물관 소장

**전주초등학교 독립기념비** | 봉안전 기단 위에 독립기념비를 세웠다.

봉안전 표지석, 왼쪽부터 인애원 · 지성원 · 대화원 · 충효원

씨는 당시 전서체로 이름을 날리고 있던 설송 최규상의 글씨로 여겨진다. 이 독립기념비는 해방 후 최초로 세워진 독립기념비이다. 2006년 민족문제연구소 전북지부를 중심으로 조직된 친일 청산을 위한 전북시민연대에서 '독립기념비' 안내판을 세우고 전주초등학교 교정에 있던 '인애원(仁愛園)·지성원(至誠園)·대화원(大和園)·충효원(忠孝園)' 등 4개의 표지석은 전주역사박물관으로 옮겨 교육에 활용하도록 하였다. 2015년 전주초등학교는 독립기념비의 기단부를 철거하고 시멘트로 봉안전 기단을 복원하여 다시 기념비를 세워 놓았다.

독립기념비는 일제강점기 때 일본인들이 황국신민화 교육을 위해 세운 봉안전 기단 위에 세운 것이다. 봉안전은 일제강점기 일본인들이 일본 왕의 사진을 걸어 놓고 학생들에게 강제로 예를 표하도록 한 시설이다. 일본 왕의 사진이 걸려 있던 목조 건물을 헐어 버리고 대리석의 독립기념비를 꽂아 놓듯 세워 놓은 것은 일본의 사악한 기운을 누르려는 의미를 내포한 것이기도 하다.

Ⓐ 전북 전주시 완산구 대동로 33(태평동) 전주초등학교 내

## 덕진운동장건설비

전북대학교 학생회관 앞에는 '덕진운동장건설비'가 세워져 있다. 덕진공원 일대는 20세기에 들어와 전주부의 운동시설이 들어섰던 곳이다. 1916년 이상

래 씨가 쓴 학습 일기에는 '오전 10시께 친구 5~6명과 함께 덕진지에 가서 전주 구락부의 운동회를 보았다. 덕진은 북문 밖 10여 리 되는 곳으로 경철도 정거장이 있으며 오늘은 임시 열차를 운행하였다. 10정보가량의 연못에는 배가 떠 있으며 주변에는 송림이 울창하고 2~3개 건물이 있는 경치 좋은 곳이다. 오늘 운동회에서는 자전거 경주대회가 열려 수십 명의 선수들이 자기 기량을 발휘하여 열심히 달렸다.'고 하여 운동경기가 열리고 있었음을 알 수 있다. 현재 덕진광장이라 불리는 간이 터미널 부근은 전주-군산을 왕래했던 경편철도역이 있었던 곳이고 전라선 개통 이후 덕진역이 위치했던 곳이다. 전주에서 덕진공원을 가려면 걷거나 또는 열차를 이용해 이동했다.

'덕진운동장건설비'에 의하면 당시 남선임업 사장이었던 미야자키 요시츠쿠(宮崎吉造)가 5천 원을 기부하고, 박기순이 공원 도로 개설비 3천 원을 희사하였다. 면비 6백 원의 공사비를 확보하여 국유림 33,000평을 대부받아 사업을 진행하였다.

덕진운동장 조성사업으로 덕진공원 주변 1,300m의 제방을 4m로 확장하고, 일주도로 1,830m를 개설하였다. 공원 입구까지 길이 22m, 너비 10m의 도로가 신설되었다. 운동시설로는 공원 안 입구 오른쪽(현 전북대학교 구정문으로 들어가 오른쪽)에 6,200평 규모의 야구장과 6,492평의 육상경기장, 1,024평의 정구장이 조성되었다. 덕진운동장은 덕진공원과 연계하여 전주를 대표하는 운동 및 공원 시설로 전주 사람들의 사랑을 받았다. 덕진운동장은 1949년 전북대학교가 설립되면서 학교 부지

덕진운동장건설비

로 넘어갔고, 대신 중노송동 인봉리 방죽(현 문화촌)에 공설운동장이 만들어졌다. 인봉리 공설운동장은 1963년 제44회 전국체육대회를 기점으로 현재의 위치로 옮겨졌고, 인봉리 운동장은 1968년 문화촌과 기자촌 택지개발사업이 진행되어 주택지로 바뀌었다.

전북 전주시 덕진구 백제대로 567(금암동) 전북대학교 내

## 황극단 皇極壇

의병장 이석용의 아들 이원영이 1963년 고종황제비, 대한의장비(大韓義將碑), 대한민국임시정부백범안동김공구지묘비(大韓民國 臨時政府 白凡 安東 金公九之墓碑), 대한장의순국5열사기적비(大韓仗義殉國五烈士紀蹟碑), 광복정령33인추억비(光復精靈三十三追憶碑) 등 5기의 비(碑)를 조성하고 300여 명이 넘는 순국 선영의 이름을 지역별로 새겨 난간 호석을 둘러 '황극단'이라 하였다.

이석용 의병장은 1907년 정미조약 체결 이후 의병을 일으켜 왜적을 물리칠 계획을 숙의한 끝에 임실, 진안 등지의 의병을 모아 9월 4일 진안 석전리에서 의병대장으로 추대되었다. 9월 12일 진안 마이산 남쪽 용암 위에 단을 쌓고 제사를 지낸 뒤 진안, 용담, 정천, 임실, 순창, 태인, 남원, 관촌 등지를 돌며 1909년까지 일본군과 전투를 벌였다. 1909년 9월 의병을 해산한 뒤 잠행하던 중 1912년 성수면에서 붙잡혀 1914년 4월 37살의 나이로 대구교도소에서 교수형을 받았다.

이석용은 죽음을 앞두고 "나의 시체는 월출이며 일몰이니 영암 월출산 기슭 남해 바닷가 일본 땅을 향하여 묻어 달라. 그리하면 내가 저승에 가서 일본을 꼭 망하게 하리라. 나는 살아서 황제를 모시지 못하였으니 이 왕조 땅에 황극단을 세워 선황제를 모시게 하여라."는 유훈을 남기었다. 아들 이원형은 1938년 아버지 유허비를 건립하고 순국 정신을 기리고 후세에 알리기 위해 제문을 낭독하고 제사 지낸 일로 2년 6개월간 옥고를 치르기도 하였다. 이원형

황극단

은 해방 이후 8년 동안 행상을 하면서 돈을 모으고 2,600평의 농토를 매각하여 현 전북대학교 정보전산원 부근에 황극단을 조성하였다가 1980년대 후반 현재의 위치로 옮겼다. 2003년 9월 15일 국가보훈처에서 현충 시설로 지정하였고 매년 5월 5일 황극단 추모대제를 거행하고 있다.

전북 전주시 덕진구 덕진동 1가 산39-8 어린이회관 앞

## 전북 지역 독립운동 추념탑

덕진공원의 북쪽 전라북도 어린이회관 옆에 위치한 전북 지역 독립운동 추념탑은 전라북도 독립운동가를 추념하는 것으로 1993년 12월에 준공되었다. 추념탑 건립은 '우리 고장 순국선열들의 항일 구국 애국 운동'을 후세에 귀감으로 삼기 위해서 1989년 3·1절에 전라북도 광복회원의 모임에서 탑 건립을 발기하고 추진위원회를 구성하면서 시작되었다. 이후 광복회 전라북도

**전라북도 독립운동 추념탑**

지부의 협찬과 정부 및 각계 각층의 성금을 모아 3,329평의 부지에 1992년 2월에 착공하여 1993년 12월 준공하였다. 2004년에는 전라북도 출신 독립유공자 588명의 이름을 지역별로 새긴 현창비를 건립하였으며, 2015년에 전시관을 세웠다.

전북 전주시 덕진구 덕진동 1가 산39-8 어린이회관 옆

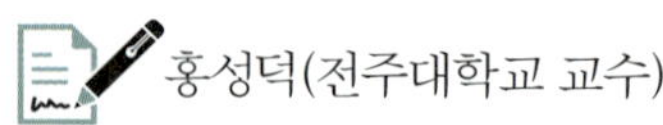

홍성덕(전주대학교 교수)

## 답사 코스

전주교육대학교 항일학생운동 기념비 → 매곡교 3·1운동 기념비 → 다가산 전주신사터와 호국영렬탑 → 전주신흥학교 내 3·1운동 기념비 → 전주초등학교 독립기념비 → 전북대학교 내 덕진공원 조성비 → 황극단 → 전라북도 독립운동 추념탑

제2편

# 도시유적

1장

# 황방산 자락 고고유적

## 개요

전주는 동쪽에 기린봉, 승암산이 자리하고, 서쪽에 다가산이 있으며, 남쪽에 완산칠봉, 북쪽에 건지산과 가련산이 위치하고 있다. 효자동의 삼천을 끼고 서쪽에는 황방산(217.1m)이 있으며, 이 능선을 따라 이어지는 서남쪽에 천잠봉(146m)이 자리하고 있다. 황방산 동남쪽을 흐르는 삼천은 남북으로 흘러 만경강으로 흘러든다. 이 일대의 나지막한 구릉과 물줄기 사이에는 넓은 충적지가 펼쳐져 있어, 선사시대 이래 사람이 살기 좋은 환경이었으며, 많은 고고유적(考古遺蹟)들이 산재하고 있다.

전북 혁신도시에서 본 황방산

황방산에서는 고고학적인 조사가 이루어지지 않아서 정확한 내용은 알 수 없으나, 청동기시대의 지석묘(支石墓, 고인돌), 통일신라시대에 축조된 서고산성(西固山城), 서고사(西固寺) 등이 있다. 황방산을 중심으로 동남쪽의 산자락에는 기존에 전주 서부 신시가지가 조성되면서 낮은 구릉 지역을 중심으로 마전유적군이 조사되었으며, 황방산의 북서쪽은 전북 혁신도시, 만성지구 택지 개발에 의해 유적의 조사가 진행되었다.

따라서 본고에서는 황방산 일원의 지석묘, 만성동 지석묘, 서고산성, 황방산 자락 동남쪽의 마전유적, 황방산 자락 북서쪽 전북 혁신도시 내의 신풍유적, 덕동유적, 암멀유적 등의 몇몇 유적을 소개하고자 한다.

## 황방산 일원

### 서곡광장 등산로 주변 지석묘

황방산의 지석묘는 정상을 중심으로 한 등산로 주변과 감천사 주변 등산

**납암정 옆 지석묘** | 청동기

로에서 확인되고 있다. 황방산의 지석묘는 지석(支石, 받침돌)이 있는 남방식(南方式)이 확인되기도 하며, 상석(上石, 덮개돌)만이 존재하는 개석식(蓋石式)의 석재가 확인되기도 한다.

서곡광장에서 등산로를 따라 오르다 보면, 가장 먼저 눈에 들어오는 것이 납암정(納岩亭) 옆 지석묘이다. 이 지석묘는 비교적 양호한 상태로 남아 있으며, 길이 4.1m, 폭 2.1m, 높이 1.1m 정도이다. 상석을 받치는 2개의 지석이 존재하며, 이중에 1개는 어긋나 있는 상태이다. 상석에는 여러 개의 작은 성혈(聖穴)이 확인되고 있으며, 동측 부분에 상석을 자르기 위한 흔적과 남측 방향에는 전면에 걸쳐 채석의 흔적이 확인되고 있다. 지석묘 주변에서는 무문토기(無文土器, 민무늬토기) 편이 수습된 것으로 알려져 있다.

다시 황방산 정상으로 가다 보면 우측에 우암(牛岩) 지석묘가 자리한다. 길이 4m, 폭 1.75m, 높이 1.65m 정도이다. 상석의 아래에는 7개소에 지석이 있으며, 지석에서도 여러 개의 성혈 흔적이 확인되고 있으며, 주변에서 무문토

**우암 지석묘** | 청동기

기 편이 확인되었다. 지석묘의 상석 위에는 1932년 여의송계비(소나무 숲을 보호하기 위한 계)를 세웠으며, 남측의 단면에도 "黃榜山牛岩"이란 글씨를 새겨 놓았다.

### 감천사 등산로 주변 지석묘

팔복동 감천사 주변의 석재상인 전북비석에서 자동차검사소 방면으로 들어가는 전주페이퍼 삼거리가 있다. 이곳에서 황방산 등산로를 막 올라서면 좌측 30여 m 지점에 지석묘가 놓여 있다. 길이는 5m, 폭 2.5m, 높이 1.8m 정도로 규모가 큰 지석묘이다. 상석(上石)은 동쪽 변이 수직으로 잘린 상태이며, 4군데에 정연한 성혈이 존재한다. 상석의 아래에는 6개소의 지석(支石)이 있으며, 서쪽에서 보면 거북이가 기어가는 형상을 보이고 있다.

**감천사 등산로 주변 지석묘** | 청동기

**만성동 6호 지석묘** | 청동기

### 만성동 지석묘

만성동 지석묘는 황방산 북쪽 원만성마을이 있던 산자락 밭 가운데 2기가 존재한다. 이전에 전영래 선생의 보고 당시에는 7기의 지석묘가 한 줄로 자리하고 있었다. 상석 밑에 지석이 3~4개의 남방식(南方式)이 있는가 하면, 지석이 없는 개석식(蓋石式)도 확인되었다. 그러나 현재는 보고서상의 1호~5호 지석묘는 밭 개간에 의해 없어진 상태이며, 6호, 7호 지석묘만이 비교적 잘 남아 있다. 6호 지석묘는 길이 3.3m, 폭 3m, 높이 2.3m이다. 1개의 지석이 상석 밖으로 벗어나 있으며, 또 하나의 작은 지석은 아래쪽 밭의 수로(水路)에 굴러떨어진 상태이다. 7호 지석묘는 길이 3.7m, 폭 3m, 높이 1.3m이며, 지석은 확인되지 않는다. 상석의 서쪽 면에 「나주 정약곤서(羅州丁若坤書)」라는 명문이 새겨져 있다.

### 서고산성 西固山城

황방산 정상에서 서쪽 능선으로 가다 보면 근래에 세워진 산성정(山城亭)이란 정자가 나오는데, 이곳이 바로 서고산성 자리이다. 서고산성은 황방산

서고산성 성벽의 일부

성으로도 불리우고 있으며, 209m의 봉우리를 기점으로 남쪽으로 향한 산상 분지를 감고 있는 산성이다. 이곳에서는 전주 시내와 기린봉, 승암산의 동고산성, 남고산성, 완산칠봉, 모악산까지 한눈에 들어오며, 전주의 북서쪽을 수비하는 입지로는 최적의 조건을 갖추고 있다. 산성의 평면은 오각형을 이루고 있으며, 전체 둘레는 721m에 이른다. 동남쪽을 향한 수구(水口)는 2.5m의 석축(石築)으로 길이는 50m 정도이며, 일원사(一圓寺)로 들어가는 좁은 도로 옆으로 성벽이 이어지고 있다. 성의 내부에는 30여 년 전까지 만덕사가 있었으나, 지금은 석탑군이 있는 일원사가 자리하고 있다. 분지 형태의 성의 내부는 단차가 있으며, 성내의 북변에 밭으로 개간된 경사면이 존재한다. 성내에서는 지금도 삼국시대의 기와 편과 경질토기 편들이 무수히 흩어져 있는 것으로 보아 건물들이 있었던 것으로 추정된다. 지금은 성벽을 따라 등산로가 이어지고 있으며, 이로 인하여 성벽이 무너지고 훼손되고 있는 실정이다.

전라북도 전주시 완산구 효자로 28-39(효자동 3가) 일대

## 황방산 자락 동남쪽

### 전주 서부 신시가지 조사 유적

전주 서부 신시가지의 유적은 효자동 마전, 척동, 봉곡, 여매마을 일원에 해당하며, 넓은 범위에 걸쳐 조사가 이루어졌다. 마전유적은 청동기시대부터 조선시대에 이르기까지 다양한 유적이 자리하고 있으며, Ⅰ, Ⅱ, Ⅲ, Ⅳ구역으로 나누어 조사가 이루어졌다. 척동유적에서는 청동기시대의 주거지(住居址, 집자리)와 초기 철기시대의 수혈(竪穴, 구덩이), 원삼국시대의 주거지와 원형수혈(圓形竪穴)이 조사되었다. 봉곡 Ⅱ구역에서는 구석기시대 문화층에서 석인(石刃, 돌날), 첨두기(尖頭器, 슴베찌르개)가 조사되었고, 봉곡 Ⅱ구역에서는 청동기시대 주거지와 삼국시대의 원형수혈 39기가 조사되었다. 여매유적에서는 원삼국시대 주거지, 삼국시대의 원형수혈, 조선시대 토광묘(土壙墓, 움무덤) 등이 조사되었다.

### 마전유적 Ⅰ, Ⅱ, Ⅲ구역

마전유적은 황방산에서 남동쪽으로 뻗어 내린 산 능선을 따라 이어지는 곳이었으며, 현재는 우전로와 기전여중고, 마전초등학교, 마전교회 등이 위치하고 있다. Ⅰ구역에서는 초기 철기시대의 도랑[溝] 2기, 통일신라시대의 석곽묘(石槨墓, 돌덧널무덤) 1기, 조선시대 토광묘(土壙墓, 움무덤) 7기, 회곽묘(灰槨墓, 회덧널무덤) 1기가 조사되었다. 마전 Ⅱ구역에서는 초기 철기시대의 도랑 4기, 수혈 3기, 삼국시대 주거지 1기, 석실분(石室墳, 돌방무덤) 2기 등이 출토되었다.(호남문화재연구원, 『전주 마전유적Ⅰ, Ⅱ』, 2008) 마전 Ⅲ-1구역에서는 청동기시대 주거지 12기, 수혈 3기, 석관묘(石棺墓, 돌널무덤) 2기, 석곽묘(石槨墓, 돌덧널무덤) 3기, 석개토광묘(石蓋土壙墓, 돌뚜껑널무덤) 1기 등 주로 청동기시대 유구들이 밀집되어 있다. 여기에 원삼국시대 주거지 11기, 삼국시대 석곽묘 1기, 통일신라시대 석곽묘 3기, 조선시대 건물지 2기, 수혈 10기 등이 조사되었다. Ⅲ-2구역에서는 청동기시대 수혈 3기, 초기 철기시대 도랑 3기, 원삼국시대 주거지 9기, 조선시대 토광묘 18기, 옹관묘(甕棺墓, 독무덤) 4기가 조사되었다.(호남문화재연구원, 『전주 마전유적 Ⅲ』, 2008)

### 마전유적 Ⅳ구역

마전 Ⅳ구역에서는 청동기시대 주거지 1기, 초기 철기시대 수혈 3기, 삼국시대 고분 5기 등이 조사되었다. 이중에 삼국시대 고분 5기는 현재 효자동 문학대 공원으로 이전 복원되어 있으며, 발굴 당시의 원형을 살려 복원하였다. 특히 3호분은 당시의 내부 모습을 확인할 수 있도록 전시관 형태로 꾸며져 있으며, 유물도 복제하여 전시하고 있어 교육의 장으로 각광받고 있다.

삼국시대 고분은 주위를 두른 주구(周溝)를 갖추고 있다. 대상부(臺上部) 중앙에는 토광목관묘(土壙木棺墓), 석곽묘(石槨墓) 등 매장주체부가 있으며, 주변으로 토광묘(土壙墓)와 옹관묘(甕棺墓)가 추가되는 양상을 보이고 있다. 1호분은 구릉 최북단에 위치하고 있으며, 매장주체부인 석곽묘와

**3호분 복원 모습**(문학대공원)

한쪽에 토광목관묘 1기가 함께 확인되었다. 2호분은 토광목관묘 1기와 북쪽에 짧은 도랑이 설치되었다. 토광의 중앙부에는 목관을 고정하기 위한 시설과 목관의 흔적이 부분적으로 발견되었다. 출토 유물은 호형토기(壺形土器), 철겸(鐵鎌, 쇠낫)이 있으며, 토광목관묘 주변에서도 고배(高杯, 굽다리접시), 호형토기, 철겸, 철도자(鐵刀子, 쇠손칼) 등이 출토되었다. 3호분은 최근까지 문학대(文學臺, 도기념물 제24호)가 위치한 곳에 있었다. 정상부가 삭평되기는 하였으나, 매장주체부는 잘 남아 있었다. 3호분에서는 매장주체부인 1호 석곽묘를 포함하여 대상부(臺上部)에서 2기, 측면부에서 9기 등 13기 이상의 매장시설이 시간 차를 두고 조성되었음이 확인되었다. 출토 유물로는 단경호(短頸壺, 목짧은단지), 직구호(直口壺, 입곧은단지), 고배(高杯, 굽다리접시) 등의 토기류와 철도자(鐵刀子, 쇠손칼), 철부(鐵斧, 쇠도끼), 철겸(鐵鎌, 쇠낫), 철제 장신구 등 철기류가 주류를 이루며, 토광묘와 옹관묘 내에서 옥이 출토되기도 하였다. 3호분의 중심 연대는 유구와 유물을 고려해 보면, 5세기 중반으로 설정되고 있다. 3호분 정상 부위에 있던 문학대는 황강서원(黃岡書院) 뒤편 능선에 이전 복원하였다. 4호분에서는 토광목관묘(土壙木棺墓) 3기가 확인되었다. 출토 유물은 호형토기(壺形土器), 병형토기(甁形土器), 환두도(環頭刀, 둥근고리칼), 철도(鐵刀, 쇠칼), 철부(鐵斧, 쇠도끼), 다량의 옥이 공반되었다. 5호분은 고분군의 최하단인 구릉의 말단부에 위치한다. 매장주체부인 1호 석곽묘와 비교적 큰 도랑을 갖추고 있으며, 석곽묘 하단에 인접해 토광묘 6기가 인접하여 분포하고 있다.

전라북도 전주시 완산구 효자로 28-39 문학대공원 내(효자동 3가, 이전 복원)
전라북도 전주시 완산구 효자동 3가 1587(전주마전고분군)

## 황방산 자락 북쪽

### 전북 혁신도시의 조사 유적

암멀, 덕동, 신풍유적은 현재 전북 혁신도시의 는들근린공원으로 유구(遺構)의 일부가 이전 복원되었으며, 공원 조성과 함께 교육의 장으로 유용하게 활용되고 있다. 그러나 이 외에도 전북 혁신도시에서는 많은 유적이 조사되었다. 황방산 자락에 가까운 찰방유적에서는 삼국시대의 원형수혈(圓形竪穴, 원형구덩이)과 통일신라시대부터 조선시대에 이르기까지 건물지(建物址)와 가마(窯) 등이 조사되었으며, 월평유적에서는 후기 구석기시대의 문화층과 삼국시대의 석실분(石室墳, 돌방무덤), 만성동유적에서는 원삼국시대 주거지(住居址, 집자리), 삼국시대와 통일신라시대 석실분(石室墳), 석곽묘(石槨墓, 돌덧널무덤)가 조사되었다.

암멀유적에서는 삼국시대의 석곽묘와 석실분이 확인되었으며, 원장동유적에서는 초기 철기시대의 토광목관묘(土壙木棺墓, 널무덤), 중동유적에서는 후기 구석기시대의 문화층, 중리유적에서는 초기 철기시대의 주거지, 갈산리유

**전북 혁신도시 유적 이전 복원**(는들근린공원)

적에서는 후기 구석기시대 문화층과 통일신라시대의 토광목관묘, 덕동유적에서는 후기 구석기시대 문화층과 초기 철기시대의 토광목관묘가 조사되었다. 신풍유적에서는 신석기시대의 수혈과 초기 철기시대의 토광목관묘, 삼국시대의 주거지, 옥정유적에서는 후기 구석기시대의 문화층과 청동기시대의 주거지 등이 조사되었다. 이러한 유적들은 황방산의 북서쪽에 위치해 있으며, 유적은 대략 해발 40m 정도의 낮은 구릉 지역에 산재하고 있다. 시기에 있어서도 구석기시대부터 조선시대에 이르기까지 다양한 유구와 유물이 조사되었다.

### 암멀유적

전주시 중동 일원에 있으며, 해발 40m의 완만한 구릉에 위치한다. 조사된 유구는 백제시대 고분 27기, 조선시대 토광묘(土壙墓) 19기, 수혈(竪穴), 가마[窯] 등이다. 백제의 고분은 구릉의 정상부와 사면부에 조성되어 있으며, 지상식, 반지하식, 지하식의 횡혈식석실분(橫穴式石室墳, 옆트기식 돌방무

**암멀유적 1호 횡구식석곽묘** | 『전주 안심 · 암멀유적』(전주문화유산연구원, 2014)

덤), 횡구식석곽묘(橫口式石槨墓, 앞트기식 돌덧널무덤), 석곽묘(石槨墓, 돌덧널무덤) 등 축조 양식과 구조가 다양하다. 유물은 호형토기(壺形土器), 개배(蓋杯, 뚜껑접시), 삼족토기(三足土器, 세발토기), 철부(鐵斧, 쇠도끼), 철겸(鐵鎌, 쇠낫), 옥 등이 출토되었다. 5호와 6호 석실에서는 가야계의 토기 2점이 출토되어 백제와의 교류가 이루어졌음을 알 수 있다.

### 덕동유적

행정구역상 완주군 이서면 갈산리 덕동마을에 속하며, 전주와는 경계 지역에 해당한다. 유적은 해발고도 30m 정도의 구릉에 입지하며, A~G구역까지 조사되었다. 이중 D구역에서는 초기 철기시대의 토광목관묘(土壙木棺墓, 널무덤) 3기, 도랑[溝]과 조선시대의 회곽묘(灰槨墓, 회덧널무덤), 도랑, 수혈(竪穴) 등이 조사되었다. 특히 초기 철기시대 토광목관묘에서는 점토대토기(粘土帶土器), 홍도(紅陶, 붉은간토기), 파수호(把手壺, 손잡이단지), 소형단지, 고배(高杯, 굽다리접시), 동경(銅鏡, 청동거울), 동검(銅劍, 청동칼),

**덕동유적 D-1호 토광목관묘** | 『완주 덕동유적』(전라문화유산연구원, 2012)

동착(銅鑿, 청동끌), 석촉(石鏃), 지석(砥石, 숫돌) 등이 출토되었으며, 동경은 일부러 파손하여 부장한 상태이다. G구역에서 구석기시대의 규암제 석핵(石核, 몸돌)과 박편(剝片, 격지) 등이 출토되었고, 초기 철기시대의 토광목관묘가 조사되었다. 토광목관묘에서는 조문경(粗文鏡, 거친무늬거울)과 세문경(細文鏡, 잔무늬거울)이 출토되었으며, 전주 여의동에서 출토된 것과 유사하다.

### 신풍유적

완주군 이서면 갈산리와 금평리 일원에 있으며, 덕동유적과도 인접하고 있다. 조사 결과, 70기의 초기 철기시대의 토광목관묘(土壙木棺墓)군이 조사되었다. 출토된 유물은 점토대토기(粘土帶土器), 흑도장경호(黑陶長頸壺, 검은간토기), 무문토기(無文土器), 파수호(把手壺, 손잡이단지), 원통형토기(圓筒形土器) 등과 청동기류는 세문경(細文鏡) 7점, 세형동검(細形銅劍) 4점 외에 검파두식(劍把頭飾, 칼손잡이끝장식), 동과(銅戈, 청동꺾창), 동착(銅鑿, 청동끌), 동사(銅鉇, 청동새기개) 등이 확인되었다. 동경(銅鏡, 청동거울)은 완형 3점을 포함하여 7점이 출토되었다. 철기류는 환두도자(環頭刀子, 둥근고리손칼), 철부(鐵斧, 쇠도끼), 철착(鐵鑿, 쇠끌)이 출토되었으

**신풍유적 출토 세문경** | 『전주, 완주 혁신도시 개발사업(Ⅲ구역) 부지내 문화유적 발굴조사 현장설명회-신풍유적(1, 2차)』(호남문화재연구원, 2010 · 2011)

며, 유리 종류는 유리환(環), 관옥(管玉, 대롱옥), 환옥(丸玉, 둥근옥) 등 90여 점이 세트로 출토되었다. 이러한 유물은 기존에 조사된 완주 갈동, 덕동 유적의 출토품과 같이 이 지역이 초기 철기시대 문화의 중심지였음을 알 수 있다. 특히 신풍 D구역에서는 초기 철기시대 토광목관묘(土壙木棺墓) 6기가 조사되었는데, 이곳에서 간두령(竿頭鈴, 장대투겁방울)이 출토되어 주목을 끌었다.

전북 전주시 완산구 중동 808(는들근린공원, 이전 복원)

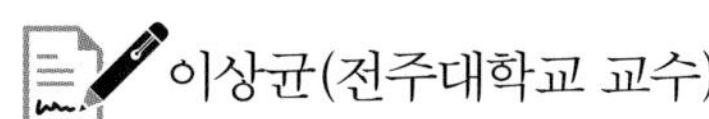


## 답사 코스

효자동 문학대공원(마전고분군 1호분~5호분 이전 복원) → 황방산 지석묘(납암정, 우암, 정상 부근 지석묘) → 황방산 서고산성 → 전북 혁신도시 는들근린공원(덕동유적, 신풍유적, 암멀유적 석실 이전 복원)

2장

# 호남제일성 전주의 도시 구조

## 개요

고려시대 전주 지방관을 지낸 이규보는 그의 저서『동국이상국집』에서 전주를 "인물들이 많고 가옥이 즐비하여 고국(古國)의 풍이 있다. 그러므로 그 백성은 어리석거나 완박하지 않고 모두가 의관을 갖춘 선비와 같으며 행동거지가 본뜰 만하다."라고 하였다.

조선 건국 후 전주는 태조 이성계의 본향으로서 풍패지향(豊沛之鄕, 건국자의 고향)이 되어 위상이 격상되었다. 한옥마을에 자리한, 태조어진(태조의 초상화)을 봉안한 경기전과 왕실의 시조 사당 조경묘는 전주가 왕실의 뿌리임을 말해 주는 대표적 문화유산들이다.

조선시대 전주는 전라도를 총괄하는 전라감영이 소재한 전라도의 수부(首府)였다. 전주부성 풍남문에 걸려 있는 '호남제일성(湖南第一城)' 편액은 전주의 그 드높았던 위상을 말해 준다. 전주는 조선시대 호남 최고의 도시로 정치, 경제, 문화의 중심지였다.

전주부성은 영조 10년(1734)에 전라감사 조현명이 다시 쌓았다. 한강 이남에서 가장 큰 성으로 부성 면적은 18만 평 정도 되었다. 부성 안에는 왕권을 상징하는 객사를 중심으로 하여 앞쪽으로 우편(서편)에 선화당을 비롯한 전라감영이 자리했고, 좌편(동편)에는 전주동헌을 비롯해 전주부영이 배치되었다. 부성 동남쪽에 경기전과 조경묘가 건립되었다.

전주부성은 1910년을 전후로 일제에 의해 성곽이 철거되고 현재는 풍남문(豐南門, 보물 제308호)만이 남아 있다. 풍남문은 전주성의 남문으로 누각

전주 성벽 돌을 사용한 전동성당 지하의 받침석

이 2층으로 되어 있다. 풍남문의 '풍' 자는 건국자의 본향을 뜻하는 '풍패'에서 따온 것이다. 전주성의 정문인 남문에 성 밖 쪽으로는 '풍남문' 편액, 성 안쪽으로는 '호남제일성' 편액을 걸어 왕실의 뿌리이고 호남의 으뜸 도시인 전주의 도시 성격과 위상을 분명히 하였다.

### 전주객사 풍패지관 豊沛之館 | 보물 583호

전주 원도심 충경로(동서 관통로) 변에 전주객사가 자리하고 있다. 풍남문에서 일직선으로 북쪽으로 올라오면 충경로를 만나고, 그 도로변에 객사(客舍)가 있다. 낮에 모든 사람들에게 무료로 개방하여 쉼터로도 활용되고 있다.

객사는 왕권을 상징하는 것으로 읍성 건물 배치의 중심이다. 객사 구조는 중앙의 주관과, 그 좌우에 주관보다 조금 낮은 동·서의 양 익헌 건물로 이루어져 있다. 주관에서는 그 북벽에 궐패(闕牌=殿牌)라고 하는 대궐 '궐(闕)' 자를 크게 써서 걸어 놓고 망궐례(望闕禮)를 행하였으며, 양 익헌에서는 중앙의 관리 등 외부에서 오는 손님을 접대하였다. 망궐례란 지방관들이 매달 삭망(초하루와 보름)에 한양의 임금을 향해 예를 올리는 것이다.

전주객사 풍패지관은 전주부성 건축의 중심이 되는 건물로 읍성 내 가장 큰 건물이다. 이 객사 건물은 전라감사가 근무하는 선화당보다 더 컸다. 동익헌은 일제강점기 때 철거되었다가 1999년 복원된 것이다. 1912년 사진에 이미 동익헌이 잘려 나가고 없다. 객사를 중심으로 풍남문을 향해 대로가 뚫리고 우편(서편)에 전라감영, 좌편(동편)에 전주부영이 자리했다. 그리고 객사를 중심으로 좌묘우사라고 해서 왼편에 문묘(文廟, 전주향교), 오른편에 사직단(社稷壇, 기전학교 인근)이 배치되었다.

전주객사는 그 규모도 크지만, 주관에 걸려 있는 '풍패지관(豊沛之館)' 현판이 주목된다. 풍패란 건국자의 본향을 일컫는 것으로, 한(漢)나라를 건국했던 유방의 본향에서 비롯된 것이다. 전주는 조선을 건국한 태조 이성계의

풍패지관

**풍패지관 현판**

본향이었으며, 그러기에 전주를 풍패라 하였고, 전주객사를 풍패지관이라 이름하였던 것이다.

이 편액은 글자 한 자의 세로 길이가 1.79m, 네 자를 합친 가로 길이가 4.6m에 이르는 대형 편액이다. 객사를 해체 보수할 때 이 편액을 내렸는데 높이가 사람 키를 넘었다. 이렇게 큰 편액은 아직 보지 못했다. 풍패지관 편액 글씨를 이처럼 크게 쓴 것은 왕실의 본향으로서 전주의 위상을 보여 주기 위한 차원도 있었을 것으로 추정된다.

풍패지관 글씨체는 나주객사 금성관(金城館) 편액 글씨와 비슷하다. 그런데 풍패지관 글씨를 선조 때 명나라 사신 주지번이 썼다는 말이 전해지고 있다. 명나라에 사신으로 갔던 송영구의 가르침으로 주지번이 과거에 급제하고, 조선에 명나라 사신으로 와서 그 은혜를 갚고자 내려왔다가 풍패지관 편액을 썼다는 것이다. 송영구 출신지는 지금은 익산 왕궁면이지만, 조선시대 행정 편제로는 전주부 우북면 지역이다. 왕궁면 장암리 송영구 은거지 누각에 주지번이 쓴 망모당 편액이 걸려 있다.

전주 고지도에 보면 전주객사 뒤뜰에는 전주사고가 건립되기 전에 실록을 보관했던 진남루(鎭南樓)가 있었다. 세종대 전주에 사고는 설치되었으나, 실록각이 건립되지 않아 승의사를 거쳐 진남루에 실록을 봉안했다가 성종 때 경기전 정전 담 너머에 실록각 건물을 짓고 『조선왕조실록』을 비롯한 국가 중요 서적을 보관하기 시작하였다.

전주 고지도에는 또 객사 뒤로 인위적으로 만든 조산(造山)이 그려져 있다. 전주는 형세가 북서쪽이 허하여 지기(地氣)가 빠져나가는 것을 막기 위한 풍수비보적 장치를 여러 곳에 조성했다. 덕진제방, 진북동의 숲정이와 진북사, 전주부성 동북쪽의 현무지 등이 비보풍수과 관련된 장치들이다. 객사 뒤편의 조산도 이런 풍수 비보적 의미를 담은 것이다.

Ⓐ 전북 전주시 완산구 충경로 59(중앙동 3가)

## 전라도 일도를 총괄한 전라감영 | 전라북도기념물 107호

전라감영은 구 전북도청 자리에 있었다. 풍남문에서 북쪽을 향해 일직선으로 조금 올라가면 완산경찰서가 나오고 경찰서 길 건너 맞은편이 구 도청 자리이다. 조선시대 전라감영 영역은 구 도청만이 아니라 완산경찰서·구 국민은행 일원까지 해당된다. 전라감영 전체 면적이 12,000평 정도 되었다.

조선시대 전주는 전라감영이 소재한 전라도의 수부였다. 풍남문에 '호남제일성'이라는 편액이 걸린 것은 이런 이유이다. 조선시대 전라도는 오늘날의 전라북도와 전라남도, 제주도를 포함한 지역이다. 전라감영은 전라도를 통괄하는 관서로, 종2품의 전라감사가 임용되어 행정, 사법, 군사 등 전권을 쥐고 전라도 일도를 통치하였다.

전라감영은 하삼도 중 경상감영, 충청감영과 달리 조선왕조 오백 년 내내 전주 한 곳에 있었다. 경상감영은 상주에 있다가 임진왜란 후 대구로 옮겼으며, 충청감영은 충주에 있다가 임진왜란 후 공주로 옮겼다.

전라감영 건물로 남아 있는 것은 없고, 선화당 주변에 있던 250년 된 회화나무 한 그루가 남아 감영의 역사를 전하고 있다. 그렇지만 19세기 대형의 회

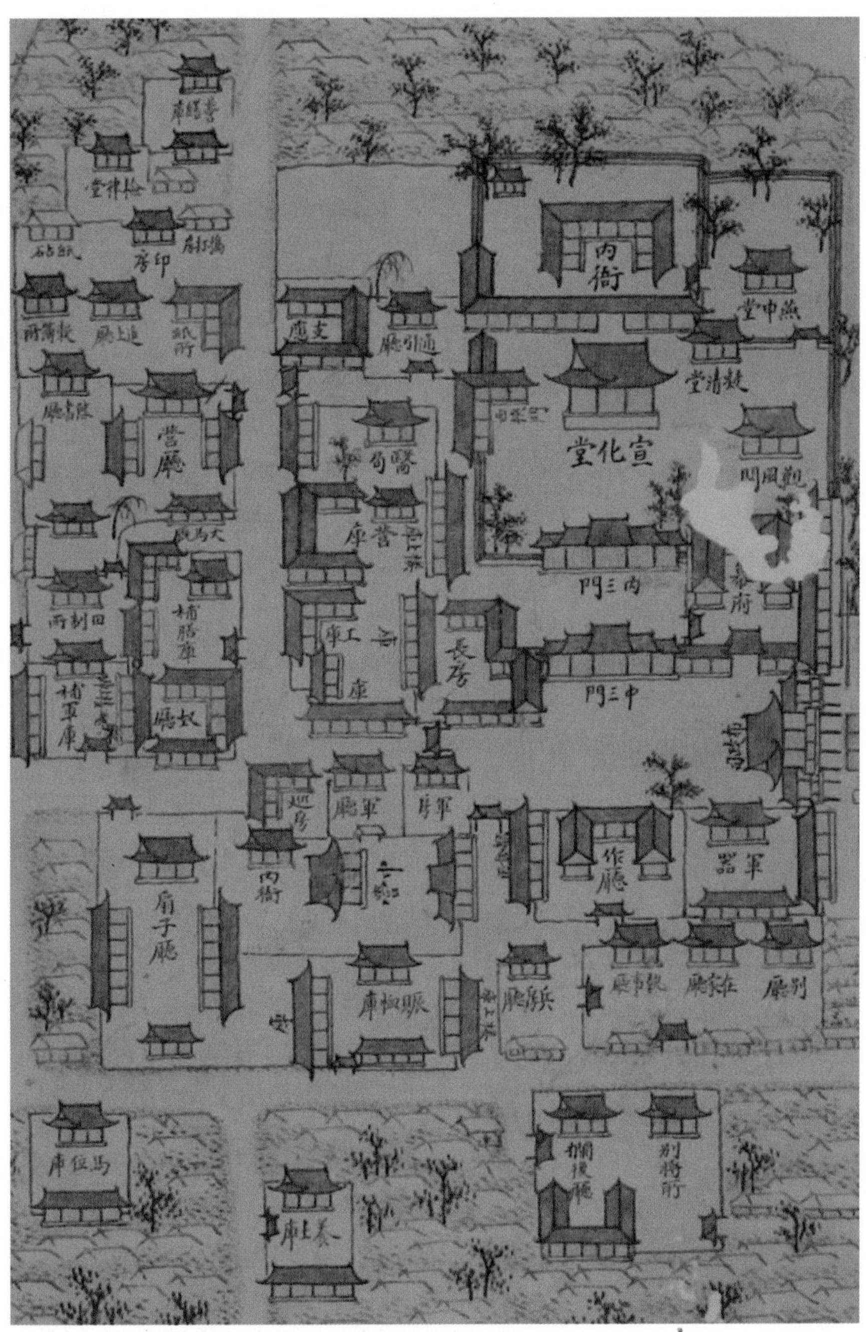


**전라감영** | 완산십곡병풍도 | 19세기 | 국립전주박물관 소장

**전라감영 선화당** | 『옛 사진 속 전주, 전주 사람들』(전주역사박물관, 2007)

**전라도 관찰사와 육방이속** | 조선 말 | 국사편찬위원회 소장

화식 완산십곡병풍도와 4폭 병풍도가 남아 있어서 전라감영의 건축 구조를 상세히 알 수 있다. 현재 전주의 역사성 회복과 원도심 활성화를 위해 구도청을 철거하고 그 자리에 감영을 복원하는 사업이 추진되고 있다.

**포정루**(전라감영 정문) | 『옛 사진 속 전주, 전주 사람들』(전주역사박물관, 2007)

전주부성의 공간 배치를 보면, 부성 중앙에 객사가 자리하고 있고, 객사에서 풍남문을 향해 일직선으로 주작대로가 뻗어 있으며, 이 길을 가운데 두고 우편(서편)에 전라감영, 좌편(동편)에 전주부영이 배치되어 있다. 즉 객사를 중심으로 앞쪽 우편이 감영, 좌편이 부영이다.

전라감영의 중심 건물은 선화당(宣化堂)이다. 선화당은 전라감사(전라도 관찰사)가 정무를 보던 정청으로 객사 다음으로 그 규모가 커서 7칸 집에 건평이 78평이었다. 순조 4년(1804) 전라감사 정민시가 마지막으로 중건한 선화당 건물이 사진으로 전한다. 선화당이란 이름은 '선상덕이화하민(宣上德而化下民)', 즉 '임금의 덕을 베풂으로써 백성을 교화한다.'는 말에서 나온 것이다. 조선 몰락 후 선화당을 도청으로 쓰다가 1921년 선화당 앞에 새로 도청사를 건립하였는데 1951년 화재로 도청 본관과 함께 선화당도 소실되었다.

전라감영의 정문 포정루는 남북 대로변에 위치하였다. 포정루 건물은 없어졌지만 사진이 남아 있다. 선화당 뒷편에는 감사 가족들이 사는 내아, 우편

**풍락헌**(전주 동헌) | 1910년대 전후 | 『사진으로 보는 근대한국』(서문당, 1986)

**풍락헌**(전주 동헌)

에는 감영의 누각인 관풍각, 뒤편 서북쪽으로 비켜서 감사의 잔심부름을 하는 통인들의 거처인 통인청이 있다. 내아 좌편에는 감사 처소인 연신당, 앞쪽으로 선화당과 내아 사이에 감사 가족을 돌보는 예방비장(내아사무)실 응청당이 딸려 있다. 포정루를 지나 좌편, 즉 선화당 중삼문 앞에는 아전들의 집무처인 작청이 있다. 현 완산경찰서 자리가 작청이 있던 곳이다.

선화당 서편 끝자락 위쪽에는 약재를 다루는 심약당과 법률을 다루는 검율당이 있었다. 그 밑으로 진상청이 있고, 이를 둘러싸고 한지를 만들고 인출하는 일을 관장하는 지소(紙所)와 인출방(印出房)이 배치되었다. 더 아래로 내려오면 진상할 부채를 만드는 선자청이 크게 자리했다. 그 규모를 볼 때 전주가 종이와 부채의 고장임이 실감난다.

전주부영은 전주부를 관장하는 관아로, 남북 대로 우편에 위치했다. 즉 풍남문에서 시내를 향한 도로를 따라가다 좌편이 전라감영(구 도청 자리), 우편이 전주부영이 있던 자리이다. 전주부 면적은 7,000여 평 정도였다. 그 중심 건물은 판관(부윤)의 집무처인 동헌으로 현 중소기업은행 자리에 있었다. 일제강점기 때 구이로 옮겨져 전주 유씨 재실로 쓰이다가 현재는 향교 앞으로 이건되어 있다.

전북 전주시 완산구 전라감영로 57(중앙동, 구 전북도청)

### 전주부성과 풍남문 豊南門 | 보물 308호

전주부성은 규모가 18만여 평 정도로 삼남 지방에서 가장 큰 성이었다. 북쪽에서는 평양과 함흥, 남쪽에서는 전주와 대구 성곽이 큰 성곽이었는데, 대구성은 전주성의 2/3 정도였다. 한양 가까이에 있던 경기, 황해, 강원, 충청도의 감영이 있던 도시는 관아만이 성벽으로 둘러싸인 매우 작은 성곽도시였다.

풍남문은 전주성의 남문으로, '풍패'의 '풍' 자를 따서 붙여진 이름이다. 같은 의미로 전주성의 서문은 '풍패'의 '패' 자를 따서 패서문(沛西門)이라 하였다. 서문은 현재의 다가동 파출소 근처에 있었다. 동문은 완동문(完東門), 북문은 공북문(拱北門)이라 했으며, 각각 지금의 동문사거리, 오거리쯤에 위치했다. 성문이 있었던 자리에 현재는 빗돌이 세워져 있다. 서문 사진엽서가 군산 동국사에 소장되어 있다.

전주성의 축조 연대에 대해, 전라감사 조현명이 지은 「명견루기(明見樓

**풍남문** | 1767년(영조43)

記)」에는 태조가 위화도회군을 단행하던 1388년(우왕14)에 전라감사 최유경이 쌓은 것으로 전해지고 있다고 되어 있다. 그런데 전라감사 홍낙인이 지은 「패서문기」에는 "전주성의 축성 연대를 알 수 없다."라고 되어 있으며, 『동국여지승람』에도 이에 대한 언급이 없다. 따라서 전주성의 축조 연대를 정확하게 알 수 없지만, 『고려사절요』에 고종 때 "몽고군의 척후병 300여 기(騎)가 전주성(全州城) 남쪽의 반석역(班石驛)에 이르렀다."라는 기사 등으로 보아 일찍이 이미 축조되어 있었던 것으로 생각된다.

전주성 개축에 관한 확실한 연대를 알 수 있는 것은 영조 10년(1734)이다. 이때 전주성이 너무 오래되어 퇴락했다는 이유로, 전라감사 조현명이 부성을 크게 개축하고, 4대문을 다시 쌓았다. 당시 조현명이 기록한 축성일지가 남아 있어서 이전의 전주성과, 전주성을 새로 축조하는 과정을 상세하게 알 수 있다.(『국역 전주부성 축성록』)

1767년(영조43) 3월 안타깝게도 전주에 큰 불이 나서, 민가 1천여 호를 불태우고, 남문과 서문의 문루도 모두 불탔다. 그리하여 그해 9월 전라감사 홍

**풍남문 현판** | 정면에 '풍남문', 후면에 '호남제일성' 편액이 걸려 있다.

낙인이 남문과 서문을 복구하고, 그 이름을 각각 풍남문과 패서문이라고 하였다. 풍남문 안쪽의 '호남제일성' 편액은 헌종 8년(1842)에 도임한 전라도 관찰사 서기순이 썼으며, 바깥쪽의 '풍남문' 편액은 홍낙인, 이서구, 이삼만 등의 글씨로 전해지나 분명치 않다.

전주부성은 정방형으로 몸을 숨기고 적을 공격할 수 있도록 성 위에 낮게 쌓은 담인 여첩(女堞, 여장)이 1,307개, 성 중간중간에 성벽을 타고 공략하여 적을 칠 수 있도록 성벽을 돌출시킨 치성(雉城)이 11개, 성문을 둘러싸고 있는 옹성(甕城)이 1개, 성문이 4개였다. 옹성인 북문을 제외한 동, 서, 남문 옆에 치성이 있었으며, 특히 남문에는 양쪽으로 치성이 있었고, 사대문 사이사이에는 각각 2개의 치성이 있었다.

성벽은 외벽이 내벽보다 높아서 약 4m이고 성문 부근은 화암석이며 기타는 평석으로 쌓고 상변외측은 한 단 높아 흰 회칠을 하였으며 총구가 열려 있고 내측으로 약 1m 내려가서 폭 2m가량의 보도가 있었다. 성벽의 길이는 3,215㎞ 정도 되었고 동서 2문 사이는 815m, 남북문 2문 사이는 954m이었다.

**전주부성** | 1899년경 | 『전주시사』(1986년)
전주성 철거 전의 전주부 전경이다. 백색의 성벽이 뚜렷하다. 중앙에 풍남문이 있고, 좌우 성벽을 따라 서문과 동문루가 보인다. 1907년에서 1909년 사이에 서쪽 벽이 철거되었고, 1911년에 동쪽 성벽이 철거되었다.

전주성은 1907년에서 1909년 사이에 서벽이 철거되고, 1911년에 풍남문만 남겨 두고 동벽이 철거되었다. 현재의 풍남문은 1979년에 보수한 것으로, 이때 옹성이 복원되었다. 조현명이 쌓은 전주성 풍남문은 옹성이 아니었으나, 보수 시 옹성 흔적이 발견되어 문을 감싸는 옹성으로 복원되었다. 조현명이 축성하기 전에는 남문을 비롯해 전주성 사대문이 모두 옹성이었다.

전북 전주시 완산구 풍남문3길 1(전동)

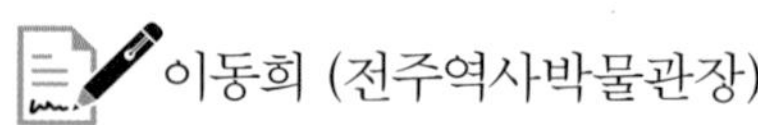

이동희 (전주역사박물관장)

## 답사 코스

전주객사(풍패지관) → 전라감영 터 → 풍남문

3장

# 남고산성에서 전주를 보다

## 개요

전주부성의 남쪽에 위치한 남고산은 비록 높고 험하지는 않지만, 주변의 지세와 어우러져 빼어난 경관을 이루고 있을 뿐만 아니라, 동쪽의 승암산과 전주천을 사이에 두고 남쪽으로부터 전주로 들어오는 좁은 목을 지킬 수 있는 요충지에 해당한다. 따라서 유사시에 전주성의 남쪽을 방어하기 위해 이

남고산성 억경대에서 바라본 전주

곳에 산성이 수축되었다.

사적 제294호인 남고산성은 후백제의 견훤이 쌓은 고성으로 알려져 있는데, 현존하는 남고산성의 성곽은 후기에 만들어진 포곡형 조선시대 석성이다. 남고산성에는 성곽 자체뿐만 아니라, 우리 전주의 역사와 문화를 이해할 수 있는 유적이 다수 존재하고 있다. 또한 남고산성의 천경대 만경대 억경대 등의 봉우리에 오르면 가까이는 한옥마을을 비롯한 전주 시내는 물론, 멀리는 북쪽으로는 미륵산, 서쪽으로는 호남평야 너머 서해 바다까지도 바라다 보인다.

남고산성에는 남고산성의 성곽과 서암문지, 서문지, 동문지 등 성곽시설, 창암 이삼만이 쓴 남고진 사적비와 여기저기에 세워진 선정비들, 만경대의 정몽주 시, 남고사, 관우를 모신 관성묘 등의 문화유적이 남아 있으며, 남고산

**곤지산에서 바라본 남고산성 원경**

성의 입구에는 임란기 호남 방어에 큰 역할을 하였던 이정란을 모신 충경사가 자리하고 있다.

### 남고산성 南固山城 | 사적 제294호

남고산성이 처음 축조된 시기에 대하여는 역사 기록이 확실하지 않다. 하지만, 조선 후기의 자료인 『완산지』 등에 후백제의 견훤이 처음 쌓았다고 기록되어 있고, 조선 후기에 만들어진 고지도에도 견훤고성으로 표기되어 있어, 후백제의 견훤에 의하여 처음 축성되었다는 것을 알려 준다.

그런데 『세종실록지리지』 전주부조에는 "고덕산성은 둘레가 1,413보이고, 성내에 7개의 샘이 있고, 시내가 있어 겨울이나 여름이나 마르지 않는다."라고 기록되어 있으나, 같은 시기의 『신증동국여지승람』에는 같은 내용이 전주부의 고적조에 수록되어 있고, 조선 후기의 사서인 『연려실기술』이나 『문헌비고』에는 폐지된 산성으로 기록 되어 있다. 이러한 점으로 볼 때 이전의 고덕산성(남고산성)은 조선 전기 이전에 이미 폐기되었던 것으로 보인다.

고덕산성이라고 불리던 고성의 옛터에 다시 산성을 수축하게 된 것은 조선 순조 때의 일이었다. 순조 11년(1811)에 전라감사 이상황이 조정의 허락을 받아 성을 다시 쌓기 시작하여 2년 뒤인 순조 13년에 후임 감사 박윤수가 완성하여, 이곳에 남고진을 설치하고 남고산성이라 이름하였다. 현재 우리가 볼 수 있는 남고산성의 성곽은 바로 이때 수축된 것이다.

『여지도서』에 의하면, 당시 남고산성에는 진장아사(鎭將衙舍), 창고, 화약고, 군기고, 장교청, 대문, 수직방, 내아, 행랑, 남장대, 북장대, 동문루, 서문루, 성암문루, 동포루, 만경대 석축, 남포루(천경대), 서포루(억경대), 북포루 등의 건물이 있었으며, 성첩 둘레는 2,693보에 여첩이 1,946타에 달하였으며, 제언이 4개, 우물이 25곳, 민호 113호가 있었다고 한다. 산성의 전체 둘레는 약 2,950m에 이른다.

**남고산성 서문** | 일제강점기 | 전주역사박물관 소장 사진엽서
가운데 문이 남고산성 서문이고, 그 우측이 만경대이다. 만경대 위의 소나무가 만인송으로 추정된다.

**남고산성 서문과 남고진 사적비각**(복원)

**남고산성 성벽**(복원)

지금은 성내에 있던 각종 시설들은 모두 없어지고, 성곽 또한 상당 부분이 무너져 버렸지만, 북서쪽의 성곽은 아직도 상당히 양호하게 남아 있다, 산성 내에는 관찰사, 산성별장 등의 공덕비가 여기저기 흩어져 있다. 최근 몇 년에 걸쳐서 북쪽과 동쪽의 성곽이 복원되었다. 그러나 복원이라는 이름으로 역사의 이끼가 낀 성돌을 없애고, 새로 채석한 튼튼한 돌로 굳게 쌓은 성벽, 그리고 이상하게 처리한 여장 부분을 보면 어쩐지 어색한 생각을 금할 길이 없다.

전북 전주시 완산구 동서학동 산228 일대

### 남고진 사적비 南固鎭史跡碑| 전주시 향토문화유산 제2호

남고산성의 수축과 남고진 설치의 전말을 기록한 비석으로 헌종 15년(1849)에 세워졌으며, 남고산성 서문지에 있다. 전면의 비문은 3년 전인 헌종 12년에 최영일(崔英一)이 찬하고, 창암 이삼만(李三晩)이 글씨를 썼으며, 뒷면의 비문은 1849년에 비를 건립하면서 남고진 설치와 사적비의 건립에 관련

南固鎭事蹟碑

州之南有山削方如疊蓋甄城古址也其東南連岡疊嶂環亘數百里卽萬英關也粤在龍蛇之變召募使李公廷鸞守此城設犄角使先鋒不敢來突者寔由於神處之壽而蓋因天設之險矣英廟甲寅趙相公顯命來守是邦增築府城功訖後因城於此當未遑而未遂焉逮夫純廟辛未李相公相璜按節察道乃收州內章南及三營將官府老之諸議劃策經始事哉過半翌年壬申錦營君朴公崙壽遵之而告功克完固圍墻金湯之設雖閑氣數之會抑亦待時而成也當時三營將官彈竭鳩財以障小城擬其紀事備茲貞石逮未丞成于此三紀矣今因僉議依同協謀繼往而壽後爰紀爰刻不朽其傳云爾

崇禎紀元後四丙午 月 日州之士人崔英一撰

李三曉書

**남고진 사적비와 탁본**(『전라북도 금석문대계』)

된 인사 명단을 기록한 것으로 전주의 선비 유정엽이 쓴 것이다. 비신은 높이 132㎝, 폭 54㎝, 두께 26㎝의 오석제인데 옥개석을 얹었다. 화강석 기단석은 폭이 111㎝, 두께가 72㎝이다.

이 비문에는 남고산성을 수축하고 남고진을 설치한 전말이 기록되어 있다. 먼저 전주부성의 남쪽에 견훤 고성터인 남고산이 있는데, 여기에서부터 만막관(만마관)까지 첩첩이 산맥이 이어져 천험의 요새를 이루어 임진왜란 때 이정란이 신출귀몰한 전략을 구사하여 전주부성을 지킬 수 있었던 것도 하늘이 만들어 준 험준함 때문이라고 서술하고 있다. 그런데 영조 10년(1734) 갑인년 관찰사 조현명이 완산부성을 증축하고 나서 이곳에 성을 다시 쌓을 것을 꾀하였다가 임기가 차 그 뜻을 이루지 못하였다. 그러다가 순조 11년(1811)에 이르러 관찰사 이상황이 부성 내의 장보와 삼영 장군, 부성의 유지들과 더불어 상의하여 성 쌓기를 시작하였다가 이 또한 도중에 전임하게 되자 그 후임으로 온 관찰사 박윤수에 의하여 비로소 완성을 보게 되었으며, 이와 같은 내용을 영원히 전하기 위하여 비석을 세웠다는 것이다.

남고진 사적비를 쓴 창암 이삼만은 전주 출신으로 원교 이광사, 추사 김정희와 함께 조선 후기 3대 명필로 알려진 인물이다. 남고진 사적비는 남고산성을 수축하고 남고진을 설치한 역사적 내력을 전해 주는 사료일 뿐만 아니라, 창암의 서예 세계를 이해할 수 있는 좋은 자료가 된다.

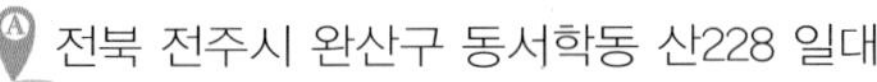
전북 전주시 완산구 동서학동 산228 일대

## 남고사(지) 南固寺

원래 남고사는 신라 문무왕 8년(668) 열반종조 보덕화상의 수제자인 명덕화상이 창건하였다고 한다. 그때 보덕이 고덕산 남쪽에 경복사를 창건하여 열반종의 근본 도량으로 정하였는데, 명덕화상이 남고사를 창건하여 그 말사의 자격으로 열반종의 전통을 이어 갔던 것으로 보인다. 남고사의 안내문에

**남고사** | 일제강점기 | 전주역사박물관 소장 사진엽서

는 처음에 절의 이름을 남고연국사(南固燕國寺)라고 하였다고 하지만, 삼국유사 기록에 '보덕의 제자인 명덕화상이 연구사를 창건하였다.'고 전하는 것으로 보아 처음에는 연구사(燕口寺)라고 이름하였던 것이 아닌가 한다.

그 뒤 어느 때부터인가 남고사라는 이름으로 불려지게 되었는데, 1367년(공민왕16)에 이달충이 지은 「전주관풍루기」의 '고을 남쪽에 남고(南高)라는 절이 있어'라는 대목으로 보아 고려 후기 이전부터 이 명칭이 사용되었음을 알 수 있다. 뿐만 아니라 성종대에 편찬된 『신증동국여지승람』 기록을 통해서도 조선 전기에도 여전히 남고사라는 이름으로 불려지고 있었음을 확인할 수 있다. 오늘날의 이름인 남고사라고 칭하게 된 것은 아마도 조선 성종 이후 전주의 4고 사찰이 성립되면서부터인 것이 아닌가 한다.

남고사는 고려시대까지 교종 계통의 사찰로 내려오다가 조선조에 모든 종파가 교선 양종으로 통합되어 48개의 사찰만 공인되었을 때 탈락되어 사세가 크게 위축된 것으로 추정된다. 임진왜란 이후 선종이 크게 신장되면서 선종계 사찰이 되었다.

조선 후기 남고사에서 전주부중으로 울려 퍼지는 저녁 종소리는 전주의 전원적 풍경과 어울어져 한 폭의 그림과 같은 아름다운 모습이라 하여 전주 팔경의 하나로 꼽혔는데, 이를 남고모종(南固暮鐘)이라 하였다.

전북 전주시 완산구 남고산성1길 53-88(동서학동)

### 만경대 정몽주 우국시 萬景臺鄭夢周憂國詩 | 전주시 향토문화유산 제1호

남고산에는 천경대·만경대·억경대 등 세 개의 봉우리가 있는데, 만경대는 산성의 서문을 향하여 우편으로 높게 솟아 있는 바위 봉우리로 전주 시가지가 한눈에 내려다보이는 곳이다. 이곳의 남쪽 바위 벼랑에는 포은 정몽주가 지었다고 하는 시가 새겨져 있다. 이 시는 포은 정몽주가 고려 우왕 6년(1380) 이성계의 종사관으로 운봉에서 황산대첩을 거두고 돌아가는 길에 이곳에 올라 고려를 걱정하며 지은 우국시라고 한다.

**만경대 만인송** | 1983년
남고산성 만경대 만인송이다. 병충해로 잘려나가 지금은 그 모습을 찾을 수 없다.

정몽주 우국시가 새겨져 있는 만경대 바위

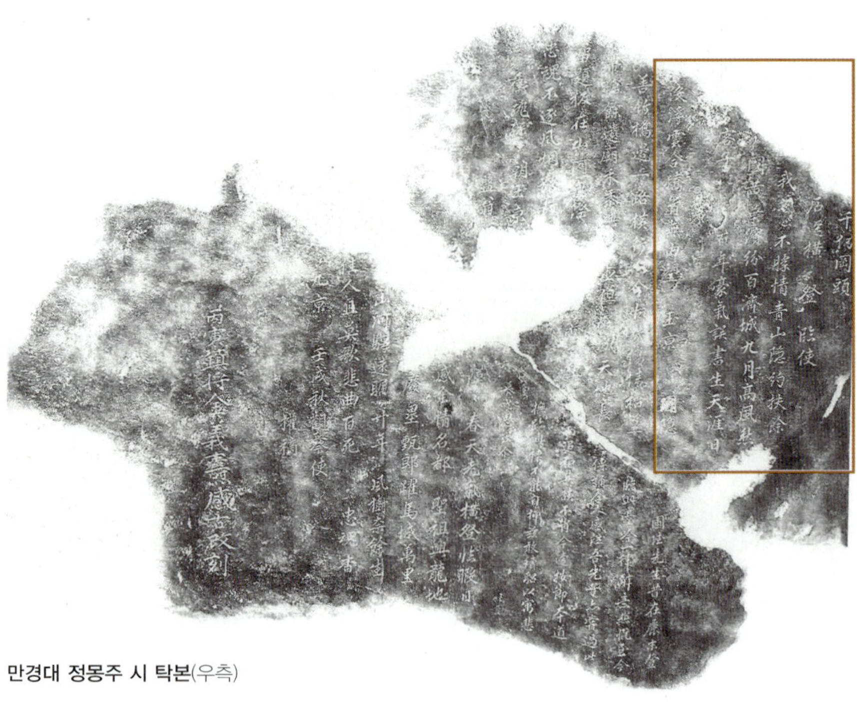

만경대 정몽주 시 탁본(우측)

황산대첩을 거둔 이성계가 개선 길에 전주 오목대에 머물면서 잔치를 베풀고 그 자리에서 한 고조 유방이 불렀던 「대풍가」라는 노래를 불렀는데, 이는 마치 쓰러져 가는 고려왕조를 비웃는 듯, 또 자기의 웅대한 포부를 말하는 듯하였다고 한다. 이를 듣고 있던 포은 정몽주가 자리를 박차고 일어나 홀로 말을 달려 남천을 건너 고덕산성 만경대에 올라 멀리 북쪽 하늘을 쳐다보면서 고려왕조를 걱정하는 우국의 시를 지었다고 한다. 이 시는 포은 정몽주의 문집인 『포은집』과 『신증동국여지승람』 전주 산천조에도 실려 있다.

전북 전주시 완산구 동서학동 산228 일대

## 관성묘 關聖廟 | 전라북도문화재자료 제5호

남고산성 안에는 관우를 무신으로 받들어 제사 지내는 사당인 관성묘가 위치하고 있다. 중국에서는 명나라 초부터 관왕묘를 건립하고 관우를 숭배

**관성묘** | 1884년(고종20)

하는 관성신앙이 일반 서민에게까지도 널리 유포되고 있었다.

우리나라에서는 임진·정유왜란 때 명나라 군사들에 의해 건립되었다. 처음 1598년(선조31) 서울 숭례문 밖에 남관왕묘가 건립되었고, 명나라 장수 양호 등의 강요로 관왕의 생일인 5월 13일 선조 임금이 직접 관왕묘에 나가 분향하고 삼작을 올리기까지 하였다. 남관왕묘가 건립된 다음 해인 1599년 동관왕묘 건립이 논의되어 3년 뒤 1602년 준공되었다.

지방에도 관왕묘가 건립되었는데, 1598년을 전후하여 강진·안동·성주·남원 등 네 곳에 관왕묘가 건립되었다. 강진의 고금도는 도독 진린이, 안동 관왕묘는 진정영도사 설호신이, 성주의 관왕묘는 명 장수 모국기가 건립하였으며, 남원의 관왕묘는 유정이 건립하였다.

숙종 이후 관왕묘에 대한 국가적 관심 아래 제식이 거행되었으며, 고종 때에 서울에 북묘와 서묘, 그리고 지방에는 전주와 하동에 관왕묘를 건립하였다. 전주의 관왕묘는 고종 21년(1884)에 남고산성별장 이신문(李信文)과 전라관찰사 김성근(金聲根)의 발기로 세워졌다.

전주 남고산성의 관성묘에는 조선 말기의 화가인 채정산(채용신)이 그린 삼국연의도 10폭이 있었으나, 1975년 1월에 도난당하였다가 1980년 3월 6일 되찾았다. 그러나 훼손이 심하여 창고에 보관하였는데, 그나마도 몇 년 전 창고 화재로 소실되어 버리고 말았다고 한다. 채용신은 서울 출신으로 20세 때 고종의 영정을 그리는 등 초상화를 잘 그렸던 화가로 알려져 있다. 그는 명성황후가 시해된 뒤 채정산이라 자칭하며 익산 금마, 정읍 신태인으로 옮겨 살다가, 1941년 7월에 94세를 일기로 세상을 떠났다.

## 충경사 忠景祠

남고산성의 입구에는 충경사라는 사당이 위치하고 있다. 충경사는 조선

충경사

선조대 문신으로 임진왜란 때 전주성을 지키고 임란 극복에 큰 공을 세웠던 충경공(忠景公) 이정란(李廷鸞)을 모신 사당이다. 1981년 이정란 선생 기념사업추진회가 결성되어 건립된 것으로 사당 자체의 역사는 그리 오래되지 않았다.

이정란은 전의 이씨 가문에서 승효(承孝)의 아들로 1529년(중종24) 전주에서 태어났다. 1562년(명종17) 문과에 급제하여 1575년(선조8) 47세의 나이로 교서정자(校書正子)로 관직에 진출하여 저작박사를 거쳐 1578년 전적(典籍, 정6품)으로 승진되었으나 곧 해미현감으로 좌천되어 잠시 관직에서 물러났다. 1581년 다시 전적으로 기용되기도 하였으나, 정쟁 속에서 부지하지 못하고 6년 동안 불우한 세월을 보냈다. 1587년 양재찰방으로 다시 관직에 나아갔다가 1590년 개성도사로 제수되었고, 임진왜란이 일어난 해인 1592년 봄 관직에 물러나 초야에 묻혀 있었다. 그때 그의 나이는 64세의 노령이었다.

1592년 4월 조선을 침공한 왜군은 속전속결의 전략으로 북상하여 개전 20일 만에 조선의 수도 한양을 점령하였다. 이어 왜군은 파천한 선조 임금을 쫓아 북상을 계속하는 한편, 그동안 공격의 목표에서 벗어나 있던 호남을 향하여 침공해 오기 시작하였다. 1592년 6월 23일 마침내 금산성이 왜군에게 함락되는 등 전라도도 위기의 상황에 직면하였다. 당시 상황은 이미 조선 8도 중 7도가 거의 다 왜군의 수중에 들어간 상태라서 전라도마저도 왜군에게 점령당하면 조선의 국가 운명은 어찌할 도리가 없는 상황이었다.

금산을 점령한 왜군은 주력부대를 보내 용담 진안을 점령하고 웅치(곰티재)를 넘어 전주를 공격하고자 하였다. 이때 이정란은 의병을 모집하여 선조 임금이 피난해 간 의주 행재소로 가려고 하였다. 그때 새로 부임한 부윤 권수가 죽은 상황에서 왜군이 금산에 주둔하여 전라도가 위급하게 되자, 전라감사 이광이 그의 용만(의주)행을 저지하고 그로 하여금 전주부의 일을 관장하게 하였다.

1592년 7월 8일 진안을 점령한 왜군이 전주와 진안 사이의 곰티재를 공격하자, 김제군수 정담, 나주판관 이복남, 의병장 황박 등이 거느리는 호남 장정들이 이를 막아내기 위해 사투를 전개하였다. 그러나 그날 저녁 김제군수 정담 등이 순절하고 왜군이 웅치를 넘어 안덕원 너머까지 쳐들어왔다.

웅치를 넘은 왜군이 전주부성을 위협하고 있을 때, 이정란은 장정 7백여 명을 모집하여 정협(鄭夾)·윤개(尹槩) 등을 종사로 삼고, 객사 문밖에 장단을 설치하고 삽혈동맹한 후 기병을 4문에 산포하고, 만마동에 복병을 설치해 대비하는 한편, 전주부성에 낮에는 기치를 설치하고 밤에는 횃불을 나열하여 부중의 경계 태세가 엄중함을 보여 주었다. 또한 두 종사로 하여금 각각 정병 100여 명을 거느리고 남고산의 억경대의 위아래에 매복하게 하여 정탐하러 온 왜적 4명을 생포하기도 하는 등 기지를 발휘하여 왜적이 전주부중을 공격하지 못하도록 하였다. 이와 같은 이정란의 수성 활동으로 웅치에서 전력을 크게 상실하고 넘어온 왜군은 전주부성을 공격하지 못하고 있었다.

이러한 상황에서 진안에서 웅치로 달려가던 동복현감 황진이 안덕원에서 왜군을 격파하여 진안으로 다시 물리쳤다. 이때 이정란도 안덕원 너머 소양평까지 군사를 보내어 왜군을 무찔렀다고 한다. 임란 초기 웅치를 넘어왔던 왜군을 물리치고 호남을 지킬 수 있었던 것은 김제군수 정담의 웅치 혈투와 동복현감 황진의 안덕원 전투뿐만 아니라, 이정란의 전주수성 활동이 있었기 때문에 가능하였다. 웅치전투를 전후로 한 일련의 전투와 얼마 뒤에 있었던 광주목사 권율, 동복현감 황진이 거둔 이치대첩은 임란 초기 호남을 지켜내고 나아가 조선을 구해 낸 결정적인 전투였다. 이정란은 전주수성의 전공을 인정받아 곧 종부시 첨정으로 승진하였고, 수원부사를 거쳐 통정대부로 승질하여 공주목사로 나갔으나, 곧 파직되어 환향하게 되었다.

정유재란이 일어나자 이정란은 다시 전주부성 수성에 노력하였으나, 부윤 박경신이 도주하자 상경하여 이 사실을 고하였고, 조정에서는 그를 전주부윤 겸 삼도소모사에 제배(除拜)하였다. 그는 적이 물러간 뒤 전주부성에 돌아와 전란의 수습에 노력하였다. 그는 선조 33년(1600)에 72세로 세상을 떠났다. 그는 전주 한계서원에 제향되었고, 순조 7년(1807)에 충경(忠景)이라는 시호를 받았다.

전북 전주시 완산구 남고산성1길 31(동서학동)

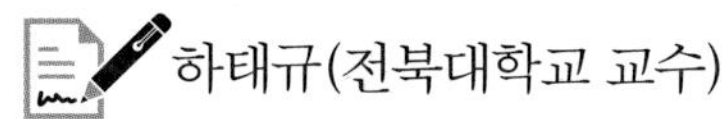
하태규(전북대학교 교수)

## 답사 코스

충경사 → 남고산성 서문 → 남고진 사적비 → 만경대 정몽주 우국시 → 관성묘

4장

# 전주 한옥마을을 거닐다

## 개요

전주 한옥마을 일원은 조선 왕실의 탯자리 같은 곳이다. 한옥마을 가장자리 자만동에 조선을 건국한 태조 이성계의 고조부 목조 이안사가 동북면으로 이주하기 전에 살았었다. 이목대비는 이를 말해 준다.

조선은 건국 후 현재의 한옥마을 중심부인 전주성 동남쪽에 경기전을 건립하고 태조어진(왕의 초상)을 봉안하였다. 이후 전주사고, 조경묘, 오목대비, 이목대비 등을 건립하여 현 한옥마을 일원을 조선 왕실의 뿌리로 성역화하였다. 조선시대 경기전 주변에 인가가 드물었던 것은 이와 관련이 있다.

1930년대 초만 해도 오목대 밑자락에서 경기전 쪽으로 채마밭들이었고 민가들은 거의 없었다. 목산 이기경 집이 대표적인 저택이었는데, 대지와 규모는 컸지만 기와가 아닌 초가였다. 기와집 저택은 천변 쪽에 위치한 학인당이 있었다. 그리고 천민들이 기거하는 움막 같은 집들이 띄엄띄엄 더러 있었고, 한벽당 아래 천변 주변으로 초가들이 모여 있는 정도였다.

오늘날처럼 기와가 즐비한 한옥마을이 형성된 것은 일제강점기 1930년대 이후의 일이다. 근대화와 함께 도시의 가치가 더 커지고 사람들이 살아가는 방식이 바뀌면서 지주를 비롯한 부호들이 전주로 모여들어, 도심에 가깝고 상대적으로 비어 있는 경기전 주변에 기와집을 짓고 살기 시작하였다. 이렇게 해서 형성된 근대 신흥 주거단지가 오늘날의 한옥마을이다.

근대 도시형 한옥들로 형성된 한옥마을은 일제강점기를 거쳐 1970년 전후까지만 해도 부촌이었다. 그러나 주거 환경이 변화되고 현대화되면서 퇴락하기 시작하였으며, 1977년 한옥보존정책이 시행되면서 퇴락은 가속화되었다.

빈촌으로 자리해 가던 한옥마을은 2000년대에 들어와 극적으로 변모되었다. 전통문화 중심도시 정책이 본격적으로 시행되면서 한옥마을은 경기전과 전동성당을 비롯한 오래된 건물과, 천년 전주의 오랜 역사와 전통이 어울어져 국제 슬로시티로 지정되는 등 문화관광의 명소가 되었다. 2015년 한 해 동안 천만 명에 가까운 관광객이 한옥마을을 다녀갔다.

### 경기전 · 조경묘 · 오목대 · 이목대 · 어진박물관

이 책 1편 2장 조선왕조를 싹틔운 전주 참조.

### 전주사고

이 책 1편 2장 조선왕조를 싹틔운 전주 참조.

### 전동성당

이 책 5편 1장 천주교 참조.

### 전주향교, 양사재

이 책 4편 1장 전주향교 참조.

### 한벽당

이 책 6편 1장 전주천 참조.

### 학인당

이 책 2편 5장 근대 문화유산 참조.

최씨종대 은행나무

## 전주 최씨종대 全州崔氏宗垈

전주 최씨들이 종중 행사를 하고 모임을 갖는 장소이다. 종대 앞에 6백 년 된 은행나무가 서 있어서 은행나무골목으로도 널리 알려진 곳이다. 전주 최씨는 전주 이씨, 전주 유씨와 함께 전주를 본향으로 하는 대표적인 성씨이다.

최씨종대는 월당 최담(月塘 崔霮, 1346~1434)이 후학을 양성한 곳으로 전해져 온다. 최담 유허비에 의하면 최담은 고려 말 문과에 급제하고 지진주사(知晉州事)를 역임한 후 낙향하였으며, 후에 수직(壽職)으로 검교 호조참의 집현전제학(檢校戶曹參議集賢殿提學)에 제수되었다. 최담 유허비는 한벽당 근처에 있다. 최담 집안은 명문가로 네 아들이 광지·직지·득지·덕지인데, 광지·직지·덕지 세 아들이 문과에 급제하고 직제학을 역임하였으며, 득지는 지방 수령을 지냈다.

최씨종대 화수각은 120년 전인 1890년경에 중건한 것이라고 한다. 관리사

**최씨종대 화수각** | 1890년경

는 1960년대에 지어진 곱배집 건물이다. 대문은 관리사와 같은 시대에 지어진 것으로 추정되고 있다. 길가의 찻집은 2003년 전주시 보조금으로 지은 것이다.

전북 전주시 완산구 풍남동 3가 36-2

## 은행나무 골목 동락원 同樂園

동락원은 한옥마을 은행나무 골목에 있다. 정확한 건립 연대는 확인되지 않았지만, 1950년대 한국은행 관사였다. 한옥마을은 도심이 가까워 많은 관사나 사택이 밀집되어 있는 곳이었다.

한국은행 관사 전에는 전북대 학장을 지낸 유성근 교수의 집이었다. 유성근 교수의 부친이 한옥 집에 살면서 아들인 유 교수의 북중학교 입학 기념으

동락원

로 지금의 대문을 만들어 입학하는 날 그 문을 열도록 선물하였다는 이야기가 전해진다. (전북대 고고문화인류학과 BK21사업단, 『전주한옥마을 구술열전』, 2008)

한옥마을에서는 보기 드문 안채와 사랑채, 문간채로 구성된 규모가 큰 집이다. 대지는 동서로 길고 남북으로 짧은 직사각형 형태이다. 공간을 동서로 분할하여 안채와 사랑채를 배치하고 남쪽에는 넓은 마당을 두었다. 사랑채는 대지의 남동쪽에 위치하면서 서향을 하고 있으며 전면에 사랑 마당이 있다. 행랑채는 담장을 겸하면서 동서로 길게 배치되었으며 대문칸을 가지고 있다. (전주시, 『전주한옥마을 데이터베이스구축사업』, 2008)

사랑채에서 안채로 들어가는 담과 소슬문이 있었고, 안채 마당에는 연못과 지하시설이 있었다고 한다. 한국은행 관사로 이용되면서도 이런 시설들은 그대로 유지되었으나 전주 기전대에서 매입한 이후 개보수 과정에서 사랑채에서 안채로 이어지는 담과 연목, 지하시설들은 모두 없어지고, 안채 사랑채 행랑채가 개보수되어 지금에 이르고 있다. 동락원은 현재 민박과 체험의 장으로 활용되고 있다. (『전주한옥마을 구술열전』)

전북 전주시 완산구 은행로 33-6(풍남동 3가)

## 『혼불』의 작가 최명희 생가 터와 문학관

경기전 동문으로 나오면 바로 교동아트미술관, 최명희문학관, 부채문화관이 나오지만 이 길을 유보하고 동문에서 나와 왼쪽으로 경기전 담장을 타고 가다가 첫 번째 오른쪽 길로 꺾어 조금 가면 최명희(崔明姬, 1947~1998) 생가 터가 나온다. 최명희 생가를 지나 큰길과 만나는 자리에는 동학혁명기념관이 있다.

생가 터 골목에 최명희 작가를 기리는 표지석이 서 있다. 소설 『혼불』의 작가 최명희는 명문인 남원의 삭령 최씨로 이곳 풍남동에서 태어나 전북대를 졸업하였다. 국어 교사로 재직하다가 그만두고 집필에 전념하여 대하소설 『혼불』을 출간하였다. 안타깝게도 51세 이른 나이에 '아름다운 세상, 잘 살고

최명희 생가 터

최명희문학관

간다'는 유언을 남기고 병마로 영면하였다.

최명희는 혼불에서 전주를 꽃심을 지닌 땅이라고 하였다. 꽃심을 꽃의 심, 꽃의 힘, 꽃의 마음이라고 하였다. 2016년 6월 9일 단옷날에 전주정신을 선포하였는데, 그 전주정신이 '한국의 꽃심, 전주'이다. 꽃심의 도시 전주!

경기전 동문 밖에 있는 최명희문학관은 작가의 문학세계를 담아 2006년에 개관하여 운영되고 있다. 여기에는 육필 원고, 엽서 등 최명희 작가와 관련된 자료들이 전시되어 있다. 덕진동 묘역은 혼불문학공원으로 자리하고 있고, 소설의 무대인 남원 사매마을에는 혼불문학관이 건립되어 있다.

Ⓐ 전북 전주시 완산구 은행로 34(풍남동 3가) 동학혁명기념관 옆(최명희 생가 터)
전북 전주시 완산구 최명희길 29(풍남동 3가) (최명희문학관)

## 영조대의 명신 목산 이기경가 木山李基敬家

최씨종대 앞 은행로를 따라 천변 쪽으로 내려오면, 태조로를 지나 삼백년가라는 간판이 걸린 건물이 나온다. 삼백년가에서 그 안쪽으로 성심여고까지 그 일원이 감사 집으로 불린 목산 이기경(1713~1787)의 집터이다. 지금도 이 건물 안쪽 기와집에 목산 후손이 살고 있다. 한옥마을이 형성되기 전 경기전 주변에는 목산가와, 중앙초등학교 자리에 병사 집이라고 불린 한산 이씨 집이 있는 정도였다.

목산 이기경은 영조대 명신(名臣)으로 문과 대과에 장원으로 급제하고, 문과 중시(重試)에도 장원을 차지하였다. 중시란 관리들을 대상으로 보는 시험이다. 벼슬이 사간원 대사간, 황해도 감사, 한성우윤에 올랐으며, 서장관으로 중국에도 다녀왔고, 사도세자의 스승이기도 하였다. 뛰어난 학문적 재능으로 영조의 총애를 받았으나, 반탕평파로 관직생활은 여의치 못했고, 정조가 왕위에 오른 후 홍계희 일족의 역모사건에 연루되어 유배되었다가 배소에서 생을 마감하였다. 『목산고(木山藁)』 18책이 전한다.

호를 목산이라고 한 것은 서문 밖에 살다가 52세 때 오목대 자락으로 이주한 것에 연유하였다. 목산 이기경 집은 대지는 매우 컸으나 초가집이었다. 그

**목산 이기경 집터**(삼백년가)

큰 대지에 윗채와 아래채 형태로 있었다. 옛 한옥마을 사진에 오목대 아래 전동성당 사이에 큰 대지가 나오는데 목산가로 보인다. 현 성심여고 자리에 목산이 기거하는 집이 있었고, 삼백년가 자리에는 아우 집이 있었다고 한다. 현재는 삼백년가와 안채 정도만 남아 있다. 안채는 40여 년 전 새로 건축하기 전에는 낡고 허름한 초가집이었다.

Ⓐ 전북 전주시 완산구 교동 80-2(前 삼백년가)

### 선비의 발자취 한옥마을 '삼재 三齋'

한옥마을 삼재(三齋)는 간재 전우(艮齋 田愚, 1841~1921)의 문인으로 일제에 항거하였던 금재 최병심(欽齋 崔秉心, 1874~1957)·고재 이병은(顧齋 李炳殷, 1877~1960)·유재 송기면(裕齋 宋基冕, 1882~1956)을 말한다. 간재는 전주 출신으로 3천여 제자를 둔 조선 말 호남 최고의 유학자이다. 삼재는 한옥마을에 살았거나 이와 연고가 있는 유학자들이다. 근래 한옥마을 선비정신을 재조명하면서 이들 세 명의 유학자를 '삼재'라고 통칭하게 되었다.

금재 최병심은 간재의 수제자로 세칭 '전주 최 학자'로 널리 알려진 유학자이다. 전주 최씨 최담의 후예로 대대로 옥류동 일원에서 살았다. 현 전통문화관 자리가 금재가 본래 살던 집터이다. 일제에 의해 집이 강제 철거된 후 전통문화관 기린로 변 동편 언덕으로 거처를 옮겼다. 옥류정사(玉流精舍)를 열고 수많은 후학들을 양성하였다. 조희재가 의병과 독립운동가들의 행적을 조사해 수록해 놓은 『염재야록(念齋野錄)』의 서문을 지어 일경에 잡혀가 곤혹을 치렀다. 1910년 나라가 망하자 발산에 올라 주야로 통곡하였으며 상시(傷詩)를 지어 아픔을 달랬다. 1990년 독립유공자로 건국훈장 애족장이 추서되었다.

고재 이병은은 전의 이씨로 대대로 완주군 구이에 살다가 1931년 구이에 있던 남안재(南安齋)를 한옥마을 향교 윗자락에 옮겨 와 후학을 양성하였

**금재 고택 터**(現 전주전통문화관)

다. 한말 의병과 독립운동가의 행적을 추적해 기록한 조희재의 『염재야록』의 발문을 지어, 금재와 같이 임실경찰서에 구금되는 등 고초를 겪었다. 고재 집안은 3대에 걸쳐 남안재를 지키면서 전주향교 지킴이 역할을 하기도 하였다.

유재 송기면은 여산 송씨로 김제에 살면서 요교정사(蓼橋精舍)를 열어 후학을 양성하였다. 간재 문하에 들기 전 김제의 석정 이정직 문하에서 수학하여 유학만이 아니라 서예 등 예술에도 뛰어났다. 유재는 글씨를 인격 수양의 한 방편으로 삼았다. 삭발은 물론 창씨개명에 반대해 고초를 겪었다. 한옥마을에 살지 않았지만, 그의 아들 강암 송성용이 1966년 한옥마을로 이주해 당호를 아석재(我石齋)라 하고 서예를 연마해 일가를 이루었다. 유재와 고재는 사돈 간이고(강암이 고재의 사위), 금재와도 왕래가 잦았다.

Ⓐ 전북 전주시 완산구 전주천동로 20(전통문화관)

## 전주동헌 풍락헌 豊樂軒

전주동헌은 현재 향교 앞에 장현식 고택과 함께 이건되어 있다. 동헌은 전주부윤의 집무처로 전주부영의 중심 건물이다. 전주부윤은 종2품으로 전라감사와 같은 직급이다. 대체로 조선 전기에는 전라감사와 별도로 전주부윤이 임용되었으나, 조선 후기에는 전라감사가 전주부윤을 겸하였다. 이에 따라 전라감사의 업무가 과중되자 종5품의 전주판관이 별도로 임용되어 실질적으로 전주부를 관장하였다.

동헌은 본래 현 중소기업은행 자리에 있었다. 즉 객사에서 풍남문으로 난 주작대로 우편에 전라감영(구 전북도청 자리), 좌편에 전주부영이 위치했고, 그 전주부영의 중심 건물이 동헌이다. 고종 27년(1890)에 판관 민치준이 중창한 것으로, 당호는 풍락헌이라고도 하고, 음순당(飮醇堂)이라고도 한다. 18세기 정조 말의 읍지에는 음순당이라고 나오며, 조선 말의 동헌 사진에도 음순당 편액이 걸려 있다.

조선이 몰락한 후 동헌 건물은 전주 군청으로 쓰이다가 1934년 매각되어 구이면 덕천리(태실리)의 전주 유씨 제각으로 이전 건립되었으며, 2007년 전주향교 옆으로 이전되어 2009년 복원을 완료하였다. 매우 큰 건물로 조선시대 전주부의 위상을 잘 대변해 주고 있다.

전북 전주시 완산구 향교길 119-6(교동)

## 서도리 장현식 고택 張鉉植古宅

전주향교 앞에 김제 금구면 서도리에서 옮겨 온 일송 장현식 고택이 있다. 1932년에 지은 집으로 서도리에 있던 것을 그 장남 장홍 씨가 전주시에 안채와 중간채를 기증하여 2009년에 이건 완료하였다. 건축적 가치가 높은 가옥으로 모과나무와 돌확도 이때 같이 옮겨 온 것이다.

장현식 선생은 김제 서도리의 만석꾼으로 일제강점기 조선어학회 사건에 연

**장현식 고택 안채** | 1932년

루되어 투옥되는 등 독립운동을 재정적으로 크게 지원하였으며, 광복 후에는 제2대 전라북도지사를 역임하였다. 한국전쟁 때 납북되었으며 북한에 묘가 있다. 1990년 선생의 항일정신이 인정되어 독립운동 유공자(건국훈장 애국장)에 추서되었다.

이 집안은 대대로 서도리에 세거하였다. 인동 장씨인데 서도리에 세거해 사는 장씨라고 하여 세상에서는 서도 장씨라고 불렀다. 서도 장씨와 남원 수지면 호음실 박씨(죽산 박씨)는 경주 최 부잣집 같은 존재로 부를 일구어 많은 식객들을 보살핀 이 지역의 대표적인 집안들이다.

일제에 대항해 자정순국(自靖殉國)한 장태수 선생도 서도 장씨이다. 장태수 선생은 문과를 거쳐 병조참의, 동부승지 등을 역임하였으며, 일본이 조선을 병탄하자 서도리로 낙향하여 그해 11월 일제가 주는 은사금을 거부하고 24일간 단식하여 순절하였다.

이건한 장현식 고택 안채 앞 사랑채 건물은 임실군 임실읍 성가리 진 참봉댁에서 이건한 것으로 정확한 건축 연대는 알 수 없다. 진 참봉댁은 만석꾼으로 그 안채는 삼성 이병철 회장 때 용인민속촌으로 이건되었다고 한다. 사랑채 앞 도로변 ㅁ자형 별채는 정읍에 있던 것으로 본래 보천교 본당 부속 건물 50여 채 중의 하나라고 전해진다. 정읍 내장산으로 옮겨져 있던 것을 박중조 씨가 전주시에 기증하여 2011년 이건 완료하였다.

전북 전주시 완산구 향교길 119-6(교동)

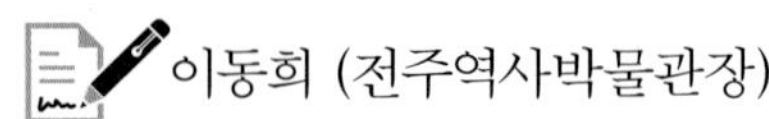
이동희 (전주역사박물관장)

**답사 코스**

경기전(어진박물관, 조경묘, 전주사고) → 전동성당 → 최명희문학관과 생가 터 → 은행나무길 최씨종대 → 동락원 → 목산 이기경가 → 오목대 → 이목대→ 전주향교 → 전주동헌 → 장현식 고택 → 금재 최병심 집터(전통문화관) → 한벽당 → 학인당

5장

# 박다옥과 근대 문화유산

## 개요

전주에 근대건축이 들어선 것은 우리나라의 다른 도시와 마찬가지로 기독교의 이입과 일제의 침탈에 의해서 이루어졌다. 즉, 을사조약 이후 전주에 들어온 일본인들은 처음에 전주부성의 서문 밖인 지금의 다가동 근처 전주천변에 거주하였다. 전주에 처음으로 들어온 일본인은 야마구치현(山口縣) 사람인 이노우에쇼다로(井上正太郞)와 모리나가신소(守永新三) 형제로 알려져 있는데 당시 서문 밖에서 오두막을 짓고 살았다고 한다. 당시 일본 사람들은 잡화상, 매약상(賣藥商)이 주류를 이루었고 의사, 대금업자 등도 있었다고 한다. 특히 잡화상은 사탕을 단것 중의 가장 으뜸이라 하여 매우 귀하게 여겼으며 나중에는 한국 상인들도 사탕을 많이 취급하였다고 한다.(『전주부사』 제2편 통감부시대의 전주부, 1943)

일본이 호남평야의 쌀을 수탈하기 위하여 양곡 수송의 기능을 담당하기 위한 전군가도를 개설하면서(1907) 전주부성의 서쪽 부분이 강제 철거되었으며 남문을 제외한 동문 주변도 철거되어(1911) 전주부성의 자취는 대부분 사라졌다. 이로 인하여 성 밖에 거주하던 일본인들이 성안으로 진출할 수 있는 계기가 되었으며 실제로 서문 근처에서 행상을 하던 일본인들이 다가동과 중앙동으로 진출하게 된다. 그러면서 일본 사람들에 의하여 박다옥을 비롯한 근대건축이 도입되었다. 또한 전주부성이 훼철된 다음부터 1934년까지 3차에 걸친 시구 개정(市區改正)을 하면서 전주는 격자형의 도시가 되었으며 서문 일대로 진출한 일본인들이 전주 시내 최대의 상권을 차지하게 된다. 이러한 현

상은 해방이 되던 1945년까지 유지되었다.(전주 한옥마을 홈페이지 참조)

전주의 건축문화는 중화산동 일대에 엠마오사랑병원을 비롯한 신흥학교, 선교사 사택, 선교사 묘역 등과 같은 기독교 건축과 선교사 거주지가, 다가동과 중앙동에는 일본인들의 주거지와 상업지가 형성되었으며, 다가동 일부 지역에는 중국인들에 의한 근대건축도 지어졌다. 한옥마을에도 당시 일본인들의 주거용 건물이나 관사 등이 건축되면서 일본식 주거 건축이 도입되었다.

전주의 근대건축을 보면 교육시설로는 전주신흥학교, 풍남초등학교 등이 있고 종교시설로는 전동성당, 전동성당 사제관, 업무시설로는 구 전라북도청사, 박다옥, 구 중국인 포목상점, 구 조선금융조합 등이 있으며 의료시설로는 엠마오사랑병원, 산업시설로는 청웅제지, 주거시설로는 구 한국은행 관사(현 기전대 생활관), 학인당, 남장로교 선교사 사택, 잠우회관 등이 있다.

### **박다옥** 博多屋 | 등록문화재 제173호

중앙동 중심부에 위치하고 있는데 이곳은 예전에 전주 시내에서 상권이 발달했던 중심 번화가이다. 이 건물은 1929년에 건축되었는데 전주에 세워진 최초의 대형 일식집 건물이다. 본래 "히다가야(博多)" 계열의 식당으로 처음에는 호텔, 목욕탕과 같이 사용되었다고 한다. 이 건물에서 일본인들이 우동을 판매하였다고 한다. 건물은 지상 3층, 전체 연면적은 609㎡이다. 건축물대장에는 지하 1층이 있다고 하나 현재는 지하실이 없다.

이 건물은 교차로의 코너 부분에 도로선을 따라 배치되어 있는데 방형의 평면을 기본으로 하고 모서리 부분만 원형으로 처리하였다. 출입구는 남북 도로를 따라 중앙으로부터 약간 우측에 위치하고 있다.

입면은 전체적으로 외부를 인조석으로 마감하면서 르네상스 양식[1]을 따르

1 르네상스(renaissance) 양식 : 15~16세기에 이탈리아를 중심으로 유행한 건축양식으로

**전주부 대정정통 박다옥 건물**(좌측) | 일제강점기 | 전주역사박물관 소장 사진엽서

고 있다. 그러면서 주출입구 부분에는 변화를 주어 외벽은 타일과 몰탈마감을 사용하였다. 2층 창문의 상부는 아케이드 양식[2]으로 처리하고, 3층 상부는 페디먼트 양식[3]으로 하면서 꽃 문양을 조각하였다. 페디먼트 하부에는 코니스 문양[4]이 둘러져 있다.

이 건물에는 각종 장식을 해 놓았는데 계단 상부에는 사무실 로고를 중앙에 양각하고 주변에는 식물 문양을 조각하였다. 기둥에는 여러 문양을 음각하였는데 동서 도로에 면한 우측 모서리 기둥 주두는 코린티안 주두[5]에 사용

석재, 콘크리트, 벽돌을 사용하여 수평을 강조하였다. 부분적인 건축양식으로는 수평창, 아케이드, 돔(dome) 등의 장식을 사용하였다.

2 아케이드(arcade) 양식 : 열을 지어 서 있는 기둥 상부를 아치로 연결한 양식.

3 페디먼트(pediment) 양식 : 고대 그리스, 로마시대에 주로 사용하던 건축양식인데 지붕 측면이나 창, 출입구 상부에 삼각형 모양으로 한 부분, 박공이라고도 한다.

4 코니스(cornice) : 박공 페디먼트 하부에 수평으로 돌려진 띠 장식.

5 그리스, 로마시대 때 사용된 기둥 주두양식으로 도릭(Doric), 이오닉(Ionic), 코린티안(Corinthian) 양식의 하나로 주두에 아칸서스 잎사귀 문양이 장식되어 있다.

된 아칸서스 잎의 문양을 조각하였다.

이 건물은 이후 삼풍산업, 한국신탁은행, 서울신탁은행, 새마을금고 등으로 사용되다가 현재는 상업시설로 사용되고 있다.

Ⓐ 전북 전주시 완산구 전라감영3길 14(중앙동 2가)

## 중국인 포목상점 中國人布木商店 | 등록문화재 제174호

이 건물은 전주부성이 헐리기 전 서문 밖의 중국인 촌에서 살던 두 사람이 합자로 소점포 13개를 통합하여 비단집으로 1920년에 개설하였다. 건축은 전동성당 건축을 담당했던 중국인들이 중국 상하이의 전통식 비단집 형태를 따라서 건축하였다. 해방 이후 포목상을 폐쇄하면서 내부 개조가 이루어지고 주변에도 다른 건물이 건축되었다.

평면은 본래 一자형 평면이었고 뒤에 방이 위치한 형태였다고 한다. 후에

**중국인 포목상점** | 1920년

한국인 점원을 위한 숙소와 부엌을 증축하였다고 한다. 그러나 현재는 내부가 개조되어 창고와 방으로 구성되었으며 뒤쪽으로 방이 더 증축되어 있다.

입면은 정면을 9개의 칸으로 구획하고 부축기둥[6]으로 구분하고 있으며 기둥 사이는 적벽돌로 벽체를 조적하고 벽체는 중앙에 문을 두고 나머지는 창을 두었다. 출입구 상부에는 반원아치로 장식하고 창의 상부에는 결원아치로 장식하였으며 부축기둥은 인조석으로 마감하였다. 창의 상부에는 단을 두고 상부 벽체를 만든 다음 몰탈로 마감하였다. 출입구 상부 박공에도 장식을 하고 있다. 측면은 창을 두지 않고 적벽돌로 마감하였다. 현재 식당과 가게 등으로 이용하고 있다.

전북 전주시 완산구 전라감영2길 25(다가동 1가)

## 신흥고등학교 강당 및 포치 新興高等學校 講堂 · Porch | 등록문화재 제172호

전주 신흥고등학교는 광무 4년(1900)에 재단법인 미국 예수교선교회 남장로교 선교사 이눌서(李訥瑞)가 완산의 북쪽에 있는 사택에서 신학문당을 열고 학생 1명을 가르친 데서 시작되었다. 1904년 중화산동에 있던 선교사 하위렴(河衛廉)의 사택으로 옮겼다가 1906년에 현재의 희현당(希顯堂)으로 옮겼다. 1907년에 희현당 북쪽에 8칸의 기와집을 신축하고 "신흥학교"라 하여 오늘날의 신흥학교가 시작되었던 것이다. 1909년에 희현당 부지에 2층 건물을 신축하고 "예수학교"라 하다가 여명을 뜻하는 "신흥학교"로 개칭하였다. 1936년에는 미국 리처드슨(Lanspord Richardson) 여사의 도움으로 3층의 본관 건물을 완공하였고, 1936년에는 리처드슨 여사의 기증으로 현재의 대강당 건물을 건축하였다.

이 건물은 장방형 평면으로 내부 공간은 2층으로 구성되어 있다. 1층은 체

6 조적조 벽체를 강화하기 위하여 벽체에 돌출되어 기둥처럼 쌓은 벽체기둥.

**신흥고등학교 강당** | 1936년

**신흥고등학교 포치** | 1936년

육관으로 사용하고 있고, 2층은 예배실과 강당으로 사용하고 있다.

입면은 주출입구를 운동장 방향으로 내고 화강석 기단 위에 포치[7]를 돌출시킨 다음 연속된 3개의 아치 형태로 입구를 내고 상부 화강석 부분에 "EGBERT. W. SMITH AUDITORIUM"이라고 썼다. 측면은 적벽돌로 벽체를 축조하고 수직오르내리창을 규칙적으로 냈으며, 창의 상하에는 화강석 인방[8]을 설치하였다. 측면은 지형의 경사지를 그대로 활용하여 건물을 축조하였다.

구조는 화강석 사고석쌓기로 기단을 축조하고 벽체는 적벽돌 미식쌓기로 하였다. 지붕은 트러스 위에 샌드위치 패널로 되어 있으나, 본래는 함석지붕이었을 것으로 추정된다.

학교 본관 건물은 1982년 화재로 소실되어 현재 포치만 남아 있다. 포치는 화강석 계단과 막돌과 콘크리트를 혼용하여 축조한 기단 위에 기둥과 보, 지붕으로 되어 있다. 기둥은 주초, 주신, 주두의 형태가 뚜렷이 남아 있으며 주

7 포치(porch) : 건물의 현관 또는 출입구에 바깥쪽으로 돌출되어 지붕으로 덮인 부분.

8 인방 : 창문의 위나 아래 부분에 가로 방향으로 댄 부재.

두는 도릭 양식[9]을 따르고 있다. 주두 상부에는 아키트레이브[10]가 있고 그 위에는 적벽돌로 박공벽을 형성한 다음 맞배지붕으로 덮여 있다.

전북 전주시 완산구 서원로 399(중화산동 1가)

**학인당** 學忍堂 | 전라북도 민속자료 제8호

전주 한옥마을에 있는 문화재로 대표적인 상류 가옥이다. 이 집은 수원 백씨 문중인 백낙중이 1908년에 건축하였다. 백낙중은 고종 황제로부터 효행을 높이 사 정문을 받고 승훈랑(承訓郞) 영릉참봉에 제수되었다. 그는 이 집을 짓고 자신의 호인 "인제(忍齊)"에서 "인" 자를 따서 "학인당"이라 하였다.

학인당은 1906년에 건축을 시작하여 2년 반이 지난 1908년에 완공하였다. 목재는 압록강 주변의 백두산과 오대산에서 채취한 목재를 사용하였고 공사비는 백미 4,000석이 들었다고 한다. 조선시대 궁궐 건축양식을 사용하여 지은 절충형 건축이다.

배치는 솟을대문이 있고 안에는 안채와 작은 사랑채가 있다. 안채 좌측에는 부엌이 있으며 앞에는 우물이 있다. 솟을대문 좌측에는 행랑채가 우측에는 곳간이 연결되어 있으며, 솟을대문에는 홍살이 있고 "백낙중지려(白樂中之閭)"라고 쓰인 편액이 걸려 있다.

안채는 정면 8칸, 측면 4칸의 一자형에 뒤에 방이 첨가된 꺾여진 ㄱ자형이다. 중앙부에 4칸의 안방이 있고 인접하여 4칸의 대청이 있으며 주변에 방이 있고 툇마루가 돌려져 있다. 안방과 대청 후면으로 복도를 따라 뒤로 가면 작은 방들이 있고 맨 뒤에 화장실이 있다. 안방 좌측에는 부엌이 있는데 상부에는 안방 뒤 마루방을 통하여 출입하는 다락이 있다. 방과 대청은 분

9 각주3) 참조, 가장 단순한 주두 양식.

10 아키트레이브(architrave) : 고전 건축에서 기둥 주두 위에 있는 수평 방향의 대들보

**학인당** | 1908년

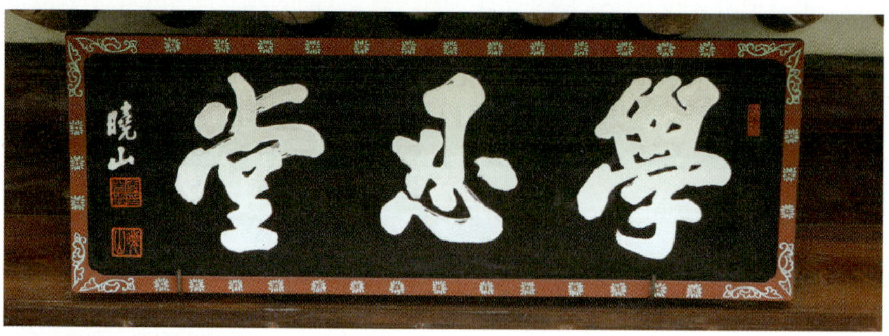


**학인당 현판** | 효산 이광열의 글씨이다.

합문을 달아 걸쇠로 개방할 수 있도록 하였다. 대청은 본래 이 집 주인이 풍류를 좋아하여 공연도 하였다고 한다. 그래서 대청 하부 문틀을 제거하도록 하여 방과 대청을 연결할 수 있는데, 약 100명 정도의 청중이 앉아 판소리 등을 감상하였다고 한다. 이러한 공간의 가변성을 가지는 건축은 매우 드문 예이다. 아울러 안방 미닫이문은 바닥이 닳는 것을 방지하기 위하여 문하부에 얇은 주석판을 붙이고 있는데 이 역시 이 집 주인의 지혜가 아닌가 생각된다. 구조는 낮은 기단 위에 주초를 놓고 두리기둥을 세운 다음 지붕을 얹었다. 지붕은 팔작지붕이고 집의 한쪽 부분에 박공면을 돌출시키고 가운데 창을 내었다.

이 집은 궁궐 건축양식을 사용하였고 자재는 백두산과 오대산의 홍송을 사용하여 지은 매우 우수한 건축이다. 또한 집주인의 영향으로 풍류를 즐길 수 있도록 대청을 가변형 공간으로 배려한 집이기도 한다. 그리고 백범 김구 선생이 해방 후 정당을 창당하면서 전북지부를 만들기 위하여 전주를 방문하고 이 집에서 묵었다는 이야기가 있기도 하다.

전북 전주시 완산구 전라감영3길 14(중앙동 2가)

### 삼원한약방

한옥마을 성심여고와 인접하여 위치하고 있는데 1946년에 건축되었다. 이 집의 배치는 대문과 나란한 방향으로 사랑채가 있고 사랑채와 수직 방향

**삼원한약방** | 1946년

으로 안채가 배치되어 있다. 마당은 근대풍의 정원으로 조성되어 있다.

안채는 정면 4칸, 측면 3칸인데 방과 부엌, 대청으로 구성하였다. 한옥마을의 다른 근대 한옥과 마찬가지로 전면에 유리미서기문을 달았고 그 안에 마루와 방을 구성하였다. 구조는 낮은 장대석 기단 위에 방형초석을 놓고 방형기둥을 세운 다음 팔작지붕으로 하였다. 사랑채는 정면 4칸, 측면 2칸으로 ㅡ자형이며 한약방으로 사용하였다. 건물은 도로면을 따라서 적벽돌로 축조하였으며 3량집이다.

전북 전주시 완산구 경기전길 161-1(교동)

### 엠마오사랑병원(구 예수병원)

전주부성이 훼철되기 전 서양 선교사들은 다가공원 근처에 본거지를 두고 있었다. 대표적인 유적이 예수병원, 신흥학교, 기전학교, 예수병원(엠마오사랑병원), 그리고 예수병원 뒤의 선교사 묘역 등이다. 이중 엠마오사랑병원은 근대식 의료기관으로 대표적인 건물이다.

예수병원의 연혁은 1897년 해리슨(R. W. B. Harruson) 선교사가 전주 은송리에 진료소를 개설하였고, 1898년 예수병원의 초대 원장인 마티 잉골드(M. Ingold)가 지금의 완산초등학교 근처에 조그만 집 한 채를 구입하여 진료를 시작했다. 1902년 해리슨 선교사에 의해 최초의 서양식 건물이 지어졌다.

엠마오사랑병원은 1912년 다니엘(Dr. Thomas H. Daniel) 선교사가 현재의 병원 자리에 30병상 규모의 서양식 병원을 건축하면서 시작되었다. 사람들은 이 병원을 "아름다운 병원"이라고 불렀다고 한다. 그러나 이 건물은 1934년 누전으로 불에 타 버렸다. 이해 12월에 재건축을 시작하여 1935년 보그스(Dr. L. K. Bogges) 원장이 40병상 규모로 재건축하여 운영하였다. 이후 1953년에 70병상 규모로 증축하였다.

**엠마오사랑병원**(구 예수병원) | 1935년

엠마오사랑병원은 본관과 엠마오너싱홈, 사택으로 크게 구분되어 있다. 본관은 1935년에 지어졌고 오른쪽 부분은 1950년에 증축되었다. 너싱홈은 1949년에 지어졌는데 각 건물마다 건축 연도가 초석에 새겨져 있다.

엠마오사랑병원은 본래 3층(반지하 1층, 지상 2층)이었지만, 1953년에 4층으로 증축되고 이후 5층으로 증축되었다. 전면에서 보면 2층으로 보이지만 뒤에서 보면 5층 건물이다.

병원의 형태는 포치를 중심으로 대칭 형태를 이루고 있다. 전면부의 병원을 중심으로 후면부는 행정실로 사용하고 있다. 서쪽에는 병원으로 사용하고 있는 증축된 건물이 있는데 지형을 이용하여 이 건물 3층과 본 건물의 1층을 연결하고 있다. 본관 포치 상부를 증축하여 휴게실로 사용하고 있다.

입면은 전면에서 보면 2층이지만 후면에서는 5층으로 지형적인 조건을 이용하고 있다. 전체적으로 적벽돌 건물로 고풍스런 분위기를 자아내고 있다. 현관 포치는 아치 구조로 내부에서도 볼 수 있다. 지붕은 모임지붕 형식으로 아스팔트싱글로 마감하였으며 부분적으로 도머창(dormer window)을 냈다.

전북 전주시 완산구 서원로 402-35(중화산동 1가)

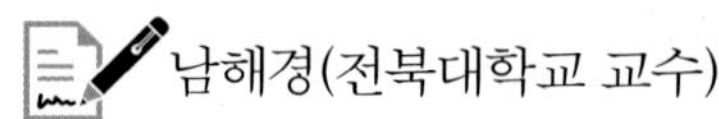
남해경(전북대학교 교수)

## 답사 코스

엠마오사랑병원 → 신흥고등학교 강당 및 포치 → 중국인 포목상점 → 박다옥 → 삼원한약방 → 학인당

제3편

# 문화유적

1장_완판본과 전주의 출판문화

2장_전주 한지와 부채

3장_전주 소리길

4장_전주 서화의 맥

1장

# 완판본과 전주의 출판문화

## 개요

'완판본(完板本)'은 서울에서 발간된 경판본 옛책에 대비된 말로, 조선시대 호남의 수도인 전주를 중심으로 발간된 책을 통틀어 말하는 이름이다.

조선시대 전주에서는 서울을 제외하고 가장 많은 책을 찍어냈다. 영·정조 시대에 완산감영에서는 중앙정부의 요청으로 사대부 취향의 도서인 완영본 옛책이 만들어졌다. 완산감영에서 정치, 역사, 제도, 사회, 의학, 어학, 문학, 유학 등에 관한 70여 종류의 책이 간행되었다.

완영본을 전후로 하여 개인 출판업자들이 주로 사대부들의 취향인 사간본이란 이름의 옛책 200여 종을 출판하였다.

이어서 조선 후기에는 판매용 책을 100여 종 출판하였다. 판매용 책은 주로 한문과 한글 고전소설, 사서삼경, 교육용 책, 생활백과용 책, 중국 역사서 등 아주 다양하게 출판하여 호남을 중심으로 전국적으로 판매하였다.

이처럼 완판본이 전주에서 대량생산된 배경에는 몇 가지 요인이 자리하고 있다. 조선시대 전국 3대 도시, 전라남북도와 제주도를 관할하던 전라감영의 위치와 역할, 전주 시장의 발달, 품질이 우수한 한지의 대량생산, 농촌과 도시의 중산층의 역할과 욕구, 전라도에서 탄생한 판소리의 소설화 과정, 일제시대 한글 교육 및 2세 교육, 지역민의 근대화 욕구 등 다양한 사회문화적 배경이 자리를 잡고 있다.

전주의 출판문화와 관련해서 국가 주도로 책을 찍어냈던 전라감영과 그 책판이 보관된 전주향교, 철활자로 책을 인쇄했던 희현당, 한지공장이 있었던 흑석골, 완판본 한글 고전소설 '별월봉기'가 간행된 평화동 원석구 마을, 다양한 책을 찍었던 완주군 구이면 일대, 책 판매의 중심지였던 남부시장 책방거리, 그리고 오늘날 완판본을 널리 알리기 위해 세운 완판본문화관 등에서 그 흔적을 엿볼 수 있다.

## 전주 완판본문화관

2011년 10월에 개관한 전주 완판본문화관은 한벽루와 전통문화관 옆에 위치하고 있으며, 전주천 바로 앞에는 국립무형유산원이 자리하고 있다. 완판본문화관은 완판본에 관한 인쇄문화를 전시하고, 체험하는 기관으로 '부채문화관', '소리문화관'과 함께 전주의 삼대 문화관으로 불린다.

전시로는 전라감영본, 완판본 판매용 옛책인 한글 고전소설, 사서삼경, 천자문, 생활백과서, 중국 역사서 등과, 전라감영 책판을 주로 전시하고 있다. 또한 책판을 인쇄하는 체험을 할 수 있는 공간이 마련되어 있다. 지하 인청에는 강의실이 마련되어 있다. 전주 향교문화관과 쌍둥이 건물을 갖고 있어 한옥의 아름다움을 더해 주고 있다.

전북 전주시 완산구 전주천동로 24(교동)

완판본문화관

## 전주 향교와 책판 | 유형문화재 제204호

전라감영에서 책을 출판할 때 사용한 책판은 전주향교의 소유로, 그간 전주향교의 장판각에 보관되어 있다가 보관상의 여러 문제로 인하여 현재 전북대학교 박물관에 기탁되어 5,059판이 보관되어 있다. 이 책판은 1899년(광무 3)에 전라관찰사 조한국(趙翰國)이 향교로 이전하였던 것이다.

주로 『자치통감강목(資治通鑑綱目)』, 『동의보감(東醫寶鑑)』, 『성리대전(性理大全)』, 『율곡전서(栗谷全書)』, 『주자대전(朱子大全)』, 『증수무원록언해(增修無冤錄諺解)』, 『사기(史記)』, 『사략(史略)』 등의 책판이 있다. 이 책판은 전라북도 유형문화재 제204호로 지정되어 있다.

전북 전주시 완산구 향교길 145-20(교동)(전주향교)
전북 전주시 덕진구 백제대로 567 전북대학교 박물관(덕진동 1가)(목판 소장처)

## 전라감영과 책판

조선시대 전 기간을 통하여 전주에는 관찰사가 파견된 전라감영이 있었다. 관찰사는 왕권의 대행자로서 호남의 모든 행정, 사법, 군사권을 가지고 총괄하던 최고 책임자였다. 전주는 조선시대 전 기간을 통하여 호남의 수도였다.

영조와 정조 임금은 서적을 발행하여, 학문을 진흥시키고 정치와 문화적인 이상을 실현하는 수단으로 사용하면서 서적 편찬과 간행에 심혈을 기울였다. 그리하여 전라감영에서는 완영본이라는 이름으로 70여 종류의 책이 간행되었다.

| | |
|---|---|
| 정치서 | 『명의록(明義錄)』(3권), 『명의록언해(明義錄諺解)』(4권), 『속명의록(續明義錄)』(1권), 『속명의록언해(續明義錄諺解)』(1권), 『금충장유사(今忠壯遺事)』, 『양대사마실기(梁大司馬實記)』, 『어제윤음(御製綸音)』(1권) |
| 역사서 | 『강목(綱目)』(76권), 『어제사기영선(御定史記英選)』(3권), 『사기평림(史記評林)』(33권), 『좌전(左傳)』, 『훈의자치통감강목(訓義資治通鑑綱目)』, 『신간사략(新刊史略)』(7권) |

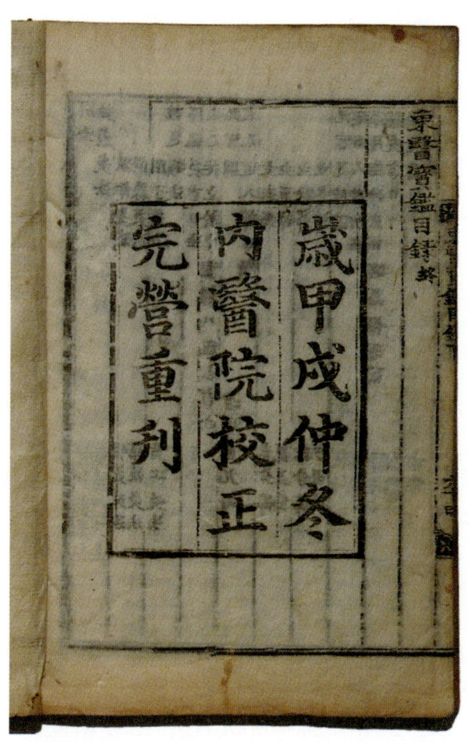
歲甲戌仲冬
內醫院校正
完營重刊

**동의보감 간기** | 1814년(순조14) | 목판본 | 개인 소장
전라감영(완영)에서 중간된 『동의보감』이다.

**동의보감 목판** | 조선 후기 | 전북대학교박물관 소장

| | |
|---|---|
| 제도서 | 『국조상례보편(國朝喪禮補編)』, 『대전통편(大典通編)』(5권), 『상례보편(喪禮補編)』(6권), 『수교집설(受教輯說)』, 『증수무원록(增修無冤錄)』(3권), 『흠휼전칙(欽恤典則)』, 『사례편람(四禮便覽)』(4권), 『율곡전서(栗谷全書)』(38권) |
| 사회서 | 『가체신금사목(加髢申禁事目)』, 『경민편(警民編)』, 『경세문답(警世問答)』(1권), 『향약합편(鄕禮合編)』(2권) |
| 의서(醫書) | 『동의보감(東醫寶鑑)』(25권), 『의학정전(醫學正傳)』(8권) |
| 병서(兵書) | 『속병장도설(續兵將圖說)』 |
| 어학서 | 『삼운성휘(三韻群彙)』(3권), 『정음통석(正音通釋)』(1권), 『화동정음통석운고(華東正音通釋韻考)』 |
| 문학서 | 『간이집(簡易集)』(9권), 『눌재집(訥齋集)』, 『동악집(東岳集)』(15권), 『둔암집(屯庵集)』(5권), 『백강집(白江集)』(8권), 『어제추모록(御製追慕錄)』(1권), 『영세추모록속집(永世追慕錄續錄)』, 『육주약선(陸奏約選)』(1권), 『월헌집(月軒集)』(4권), 『잠재고(潛齋稿)』(1권), 『잠재집(潛齋集)』(1권), 『창하집(蒼霞集)』(5권), 『황화집(皇華集)』(25권), 『후재집(厚齋集)』(25권), 『석주집(石洲集)』(3권) |
| 유학류 | 『성리대전(性理大全)』(26권), 『성리대전서(性理大全書)』, 『성학집요(聖學輯要)』, 『소학언해(小學諺解)』, 『어정주서백선(御定朱書百選)』(3권), 『주자대전(朱子大全)』(60권), 『주자문집(朱子文集)』, 『훈의소학(訓義小學)』(7권), 『훈의소학구언해(訓義小學具諺解)』(9권), 『훈의소학대전(訓義小學大全)』, 『칠서(七書)』(80권) |
| 기타 | 『풍산홍씨족보(豊山洪氏族譜)』(7권) |

전라북도 전주시 완산구 전라감영로 57(중앙동, 구 전북도청)

## 남부시장 책방거리

### 서계서포 西溪書鋪

전주에서 가장 오래된 서점으로 1700년대부터 출판을 시작한 것으로 추정된다. 판권지에 나타난 1911년 일제강점기 당시 주소는 '전주군 부서면 4계 13통 6호'이다. 현재의 주소로는 '전주시 완산구 다가동 2가 70번지'이다. 완산교 앞 주유소 옆 골목이다. 당시 발간자는 탁종길(卓種佶)이다.

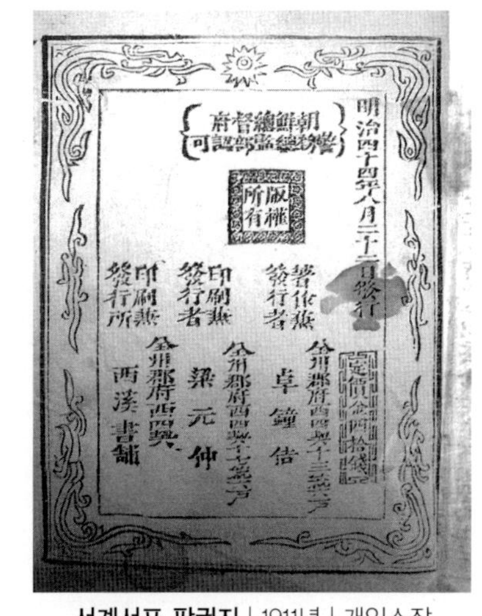
明治四十四年八月二十二日發行
朝鮮總督府
警務總監部認可
版權所有
定價金四拾錢
著作兼發行者 全州郡府西四契十三統六戶 卓鍾佶
印刷兼發行者 全州郡府西四契十三統三戶 梁元仲
印刷兼發行所 全州郡府西四契 西溪書舖

서계서포 판권지 | 1911년 | 개인소장

주로 『심청전』, 『열여춘향수절가』, 『화룡도』, 『구운몽』, 『유충열전』, 『소대성전』, 『장풍운전』, 『이대봉전』, 『조웅전』, 『삼국지』, 『초한전』과 같은 한글 고전소설과 『사요취선』, 『격몽요결』, 『문자유집』, 『간례휘찬』, 『방약합편』, 『상례유초』, 『유서필지』, 『전운옥편』, 『통감』, 『천자문』, 『초간독』과 같이 대중들이 선호하는 판매용 책을 발간하였다.

### 다가서포 多佳書鋪

1916년 당시의 주소는 '전주군 전주면 다가정 123번지'이다. 현주소는 '전주시 완산구 다가동 2가 123번지'이다. 완산교 입구에 현재 주유소가 설치되어 있다. 당시 발간자는 양진태(梁珍泰)이다.

주로 『심청전』, 『열여춘향수절가』, 『화룡도』, 『조웅전』, 『소대성전』, 『초한전』, 『장풍운전』, 『홍길동전』, 『토별가』, 『구운몽』, 『삼국지』, 『장경전』 등의 한글 고전소설과 『사례편람』, 『간독정요』, 『통감』, 『아희원람』, 『사기영선』, 『간독회수』, 『두율분운』, 『명심보감초』, 『문자유집』, 『몽학이천자』, 『사략』, 『상례』, 『상제유초』, 『방약합편』, 『규장전운』, 『주해천자문』, 『천자문』, 『주서백

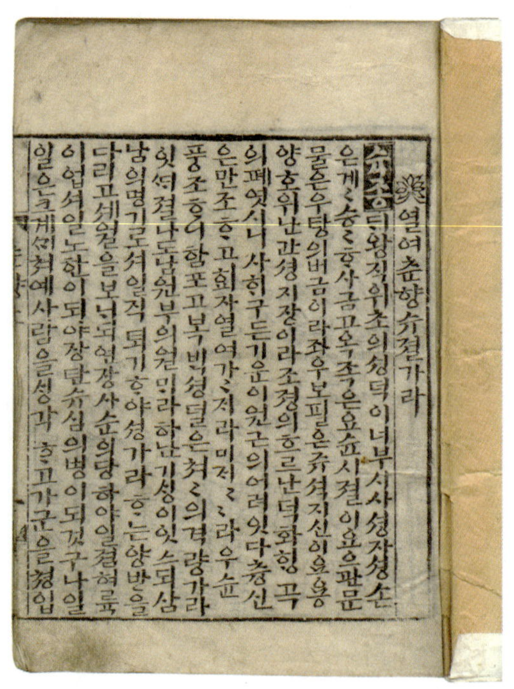

열여츈향슈절가라
슉종ᄃᆡ왕직위초의셩덕이너부시사셩자셩손
은게〻승〻ᄒᆞ사금고옥족은요슌시절이요의관문
물은우탕의버금이라좌우보필은쥬석지신이요용
양호위난간셩지장이라조졍의ᄒᆞ르난덕화향곡
의폐엿시니사헤구든기운이원근의어려잇다츙신
은만조ᄒᆞ고회자열여가〻지라미지〻〻라우슌
풍조ᄒᆞ니함포고복빅셩덜은쳐〻의격양가라
잇ᄯᆡ절나도남원부의월미라ᄒᆞ난기상이잇스되삼
남의명기로서일직퇴기ᄒᆞ야셩가라ᄒᆞ는양반을
다리고세월을보ᄂᆡ되연장사순의당ᄒᆞ야일졈혈륙
이업셔일노한이되야장탄슈심의병이되깃구나일
일은크게ᄭᆡ쳐예사람을생각ᄒᆞ고가군을쳥입

**열여춘향수절가** | 1916년 | 목판본 | 개인소장 | 다가서포 발행

선』, 『초간독』, 『초천자』, 『맹자』, 『중용』, 『소학』과 같은 판매용 책을 발간하였다.

전주의 '다가서포'와 '서계서포'에서 발간한 『열여춘향수절가』와 『심청전』은 광복 이후 우리나라 중등 교과서에 가장 많이 실린 한글 고전소설이다.

### 문명서관 文明書館

1911년 당시의 주소는 '전주군 전주면 다가정 124번지'이다. 현주소로는 '전주시 완산구 다가동 2가 124번지'인데 다가서포의 옆집이다. 문명서관에서 발간한 서적은 주로 『통감』, 『사략』, 『방약합편』, 『아희원람』, 『간례휘찬』, 『격몽요결』, 『상제유초』, 『십구사략통고』, 『언간독』 등이다. 당시 발행자는 양완득(梁完得)이다.

### 완흥사서포 完興社書鋪

1912년 소설을 발간할 당시의 주소는 '전주군 부남면 구석리 일통 일호'이다. 남부시장 쪽(전주 남문 쪽)에 위치한 전주교 부근이었을 것으로 추정하고 있다. 당시 발행자는 박경보(朴敬輔)이다.

완흥사서포에서 발간한 한글 고전소설은 『열여춘향수절가』, 『유충열전』, 『초한전』 등이고, 판매용 책은 『통감』, 『증보언간독』 등이다.

### 창남서관 昌南書館

칠서방의 판매소로 당시의 주소는 '전주군 다가정 45번지'이고, 현주소는 '전주시 완산구 다가동 2가 45번지'인데 지번이 없어졌다. 현재는 전주천변 서천교 옆 교회 자리이다. 당시 주인은 장환순(張煥舜)이다.

### 칠서방 七書房

1916년 당시의 주소는 '전주군 본정 일정목 141번지'이다. 현주소는 '전주시 완산구 전동 3가 141번지'이다. 칠서방에서는 주로 『사서삼경(四書三經)』

**칠서방 자리**(현 남부시장 발전식품)

을 간행하였다.

1916년(대정5) 칠서방에서 출판한 서적은 『논어언해』, 『논어집주대전』, 『대학언해』, 『대학장구대전』, 『중용언해』, 『중용장구대전』, 『시경언해』, 『시전대전』, 『서전대전』, 『서전언해』, 『맹자집주대전』, 『맹자언해』, 『주역언해』, 『주역전의대전』, 『서경』, 『소학언해』, 『소학제가집주』, 『역전계사』, 『한훤차록』, 『아희원람』, 『구운몽』 등으로 전체 24종이다.

1917년에 발간한 서적은 『가례』, 『사문초』, 『소미가숙점교부음통감절요』, 『통감오십편상절요해』 등 4종이다. 1918년에 발간한 서적은 『정선동래선생좌씨박의구해』, 『사요취선』, 『소미가숙점교부음통감절요』 등 3종이다. 중복출판된 것을 제외하면 전체 종수는 27종이다.

당시 전주 칠서방은 서울의 '황성신문(皇城新聞)'에 광고를 할 정도로 매우 큰 출판업체였다.

### 양책방 梁册房

전주천변 다가서포 근처에 위치하고 있다가, 후에 아중리로 이사를 한 책방이다. 판권지에 나오는 1932년 당시의 주소로 '전주군 용진면 아중리 890번지'이다. 현주소로는 '전주시 우아동 1가 890번지'이다. 현재는 집이 헐리고 소방도로가 되었다. 당시 발행자는 양완득(梁承坤)이다. 주로 『조웅전』, 『삼국지』, 『화룡도』, 『소대성전』, 『언삼국지』 등 한글 고전소설을 발행하였다. 양책방에 소장하고 있던 완판본 한글 고전소설 책판은 윤규섭(尹圭燮)이 서울로 옮긴 뒤 6·25 사변에 불에 타서 소실되었다.

## 희현당 철활자 希顯堂鐵活字

희현당은 전라감사 김시걸(金時傑)이 1700년(숙종26)에 창건한 누정으로 유생들의 학당으로 사용한 곳이다. 1738년(영조14)에 다시 짓고, 1907년(순종 즉위) 신흥학교 교사로 사용되다가 소실되었다.

전주시 화산동에 위치하고 있던 '희현당'(현 전주신흥고등학교)에서는 19세기에 여러 책이 출판되었다. 특히 이 책을 출판하면서 만들었던 활자는 '희현당 철활자'로 불리는데 무쇠를 녹여 만든 활자이다. 이 활자를 이용하여 『맹자집주대전(孟子集註大全)』(1805), 『박공증이조참판충절록(朴公贈吏曹參判忠節錄)』(1823), 『난곡선생연보(蘭谷先生年譜)』(1876) 등의 책이 발간되었다.

전라북도 전주시 완산구 서원로 399(중화산동 1가)

### 흑석골

싸전다리라 불리는 전주교를 지나 서서학동에 있는 흑석골이란 지역으로 들어가면 한지공장의 흔적을 찾아볼 수 있다. 1970년 이전까지 많은 한지공장이 자리하면서 전주 한지 생산을 담당하던 고을이다. 교통이 발달하기 전까지는 서학동 흑석골 뒷산인 학산 보광재를 넘어서 구이면 평촌으로 다녔다. 고전소설을 발간하기 위해 꼭 필요한 한지와 목판을 만드는 나무가 만난 곳이 바로 구이 봉성이다. 흑석골에서는 『전주이씨족보』(1925)가 발간되었다.

전라북도 전주시 완산구 서서학동 일대

## 완주군 구이면

### 봉성

전북 완주군 구이면 동적골에서 광곡 쪽으로 들어가다 보면 난산이 나오는데 그 옆 마을이 봉성이다. 지금은 저수지가 되어 버린 곳으로 산이 시작되는 곳에 마을이 있었으나 지금은 완전히 없어졌다. 봉성에 살던 사람들은 주로 화전을 일구고 살았는데 나무를 해서 숯을 만들고 나물을 채취해서 먹고 살던 사람들이었다. 이곳에서는 1893년(고종30) 『조웅전』이 발간되었다.

『조웅전』은 전주에서 1866년 처음 간행되고 1892년에도 간행되었으며, 1893년 구이면 봉성에서 간행된 뒤에 1898년, 1903년, 1906년, 1909년 등 연속 간행한 아주 인기가 있는 영웅소설이었다.

### 귀동(구동) 龜洞

완주군 구동은 동적골에서 좌측으로 들어가다가 앞에 보이는 완주군 구이면 덕천리 구암마을로, 1907년 『초한전』, 1908년 『소듸셩젼이라』, 『장경전』을 찍은 곳이다.

### 장파부락과 양생동 養生洞

구이를 지나 운암으로 가는 길 중간에 장파로 들어가는 길이 있다. 장파부락 들어가기 직전에 저수지를 끼고 왼쪽으로 올라가면 왼쪽 산에 양생동이 자리하고 있다. 1858년 완산에서 발간한 『천자문』에는 '세재무오모춘완산양동신간(歲在戊午暮春完山養洞新刊)'의 간기가 있다. 이 간기에 보이는 '양동(養'洞)'은 전주 근처에서는 찾을 수 없는 지명으로 '완주군 구이면 안덕 신기마을 양생동'으로 추정된다.

이곳은 1801년(순조1) 신유박해 때 피난한 천주교 신자들과 신부가 모여 살던 곳이다. 여기서 숯을 구워서 내다 팔면서 살고 있었다.

블랑(Blanc, 白圭三, 1844~1890)은 프랑스 출신의 신부로 1876년(고종13) 조선에 입국하여 1882년 제7대 조선교구장으로 임명된 분이다. 부주교의 신분으로 전라도에서 장수, 용담으로 피신하고 있으면서 남원, 진안, 무주 등 교우촌을 순방하면서 숨어 전교를 하였다.

장동하가 분석한 블랑 신부의 편지에 따르면, 1879년 봄부터 전라도 지역과 서울에 인쇄소를 설립하였고, 최우정에게 인쇄 작업을 지시하고, 외인 박무주라는 사람의 제의에 따라 철판 인쇄 작업을 하게 하였다. 또한 고산 지소의 종이를 사용한다는 내용도 포함되어 있다.

그 결과 1882년 2월 이전에 『텬쥬셩교공과』 제2권을 500부 인쇄하고, 『텬쥬셩교공과』 제3권을 작업 중이었다. 동년 5월 24일 『교리문답』 100부를 간행하고, 동년 12월 8일 『신명초행』과 『텬쥬셩교예규』를 간행하였다. 1884년 5월 31일 『신명초행』과 『텬쥬셩교예규』 그리고 『텬쥬셩교공과』 제4권을 발행하였다. (장동하, 「개항기 조선교구 인쇄소 연구」, 『가톨릭신학과 사상』 57호, 신학과 사상학회, 2006) 1886년 서울에 정착하여 명동 주교좌 본당을 설정하고 성서활판소를 만들어 많은 책을 간행하였다.

블랑 주교의 한글로 된 교리책을 발간하려는 노력 속에는 전주를 중심으로 활동했던 각수들이 서로 관련되어 활동했던 것으로 보인다. 한글을 전문으로 새기던 각수가 서울에서 활동하던 블랑 주교에게는 크게 필요했을 것이고 그래서 한글 고전소설을 새기던 각수와 활자를 만드는 사람을 활용한 것으로 보인다.

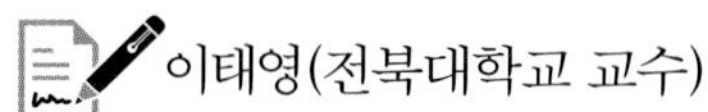이태영(전북대학교 교수)

### 답사 코스

완판본 문화관 → 전주향교 → 전라감영 → 전주 객사 → 남부시장 책방거리 → 희현당 → 흑석골 → 완주군 구이면 구동 → 봉성 → 양생동, 장파부락

2장

# 전주 한지와 부채

## 개요

우리 종이 한지(韓紙)는 닥나무로 만들어 질기고 단단한 특성을 지니고 있다. 그래서 한지는 서화용만이 아니라 다양한 생활용품을 만드는 소재로 널리 활용되었다. 조선 말의 「러시아정책보고서」에 의하면 중국에서 종이를 발명했지만, 종이를 만드는 제지술과 종이의 쓰임새는 조선이 으뜸이라고 하였다.

전주는 이러한 한지의 본가이다. 한지의 주생산지가 전라도이고 그 중심이 전주이다. 조선의 기본 법전인 『경국대전』에 각 지방의 장인 수가 분야별로 수록되어 있는데, 전주 지역이 남원과 함께 종이를 뜨는 장인, 지장(紙匠)의 수가 23명으로 단일 군현들 중에서 가장 많다.

일제강점기에도 전주는 한지 생산을 대표하는 곳이었다. 1944년에 간행된 『조선지』에 의하면 전라북도의 제지업 종사 호수가 다른 도에 견주어 가장 많으며, 전북 중에서도 완주군의 한지 종사 호가 가장 많다. 완주군은 1935년 전주로부터 분리된 지역으로 전주 한지의 주생산지이다. 광복 이후에도 전주 한지의 이런 전통은 이어졌다.

전주 한지의 빼어남은 영남 안동의 풍습에서도 찾아진다. 안동에서는 며느리를 친정에 보낼 때 담뱃잎 한두 근을 전주장지(全州壯紙)에다 깔끔하게 싸서 보내는 것이 최고의 선물이었다고 한다.(윤학준, 『양반동네 소동기』, 2000)

전주는 또 부채의 고장이다. 전주에서 질 좋은 한지를 토대로 양질의 많은

**전주 한지(태지) 뜨기** | 『일본지리대계』(1930년)

부채를 생산하였다. 전주 부채는 임금에게 올리는 진상품으로 전라감영에 매우 큰 규모의 선자청(扇子廳)을 두고 부채를 제작하였다. 진상품인 만큼 전라감영에서 부채 제작을 관리 감독하였던 것이다.

이런 전통이 이어져 현재 전주에는 국가중요무형문화재 선자장을 비롯해 많은 부채 명장들이 활동하고 있다. 전주 부채는 조선시대 전라감사가 타지에 선물하는 대표적 품목이었고, 지금도 전주 지역의 대표적 선물로 많이 쓰이고 있다.

전주 한지는 조선시대 전주의 외곽, 지금의 완주군 소양면, 상관면, 구이면 등이 대표적 생산지였다. 그리고 좁은목을 비롯해 전주천변을 따라서도 종이를 뜨는 지소(紙所)들이 있었다. 전주 흑석골은 한국전쟁 후 전주의 대표적 한지 생산지로 자리하여 한지골이라고 불렀다.

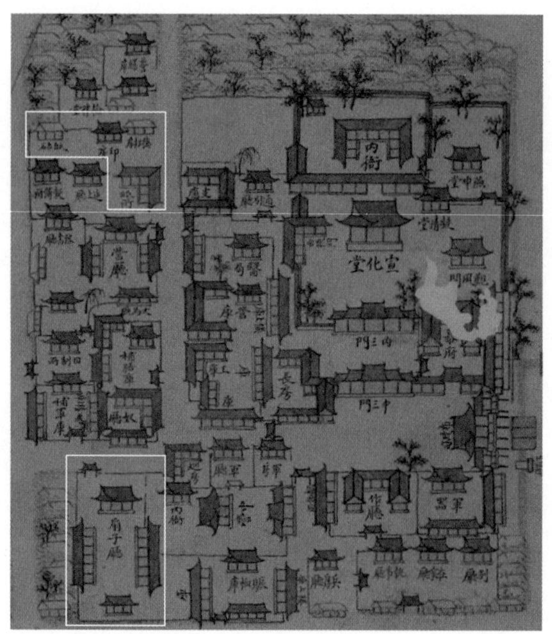


**전라감영 지소 및 인출방**(좌측 상단)**과 선자청**(좌측 하단) | 완산십곡병풍도

## 전주 고지도에 보이는 지소紙所와 선자청扇子廳

완산부 지도(완산십곡병풍도, 보물 제1876호)를 보면 전라감영 서편 끝자락에 종이를 뜨고 관리하는 지소가 책을 출간하는 인출방과 함께 자리하고 있다. 지소는 인출방을 가운데 두고 좌편에 지침(紙砧) 건물, 우편에 도타방(擣打房) 건물, 도타방 아래로 ㄱ자형의 지소 건물이 있다. 지금의 위치로 말하면 감영 내 내지소의 위치는 구도청 서편 끝자락 정도로 추정된다. 지침, 도타방, 지소 모두 종이 제작 건물들이다.

지소 밑으로 내려오면, 지금의 구 도청 앞 도로 건너쯤에 부채를 만들던 선자청이 자리하고 있다. 건물 4채가 정방형으로 배치된 매우 큰 규모이다. 이렇게 선자청이 큰 규모로 자리하고 있는 것은 그만큼 부채 생산이 많았음을 말해 준다. 진상할 부채들은 2월경부터 제작에 들어갔다. 선자청은 완산경찰

**도토리골 외지소** | 완산십곡병풍도

서 민원실 뒤편 사거리 모퉁이로 추정된다.

### 도토리골 지소

완산십곡병풍도에 전주성 밖 외지소(外紙所)로 눈에 띄는 것이 도토리골 지소이다. 전주성 서문 밖 전주천 건너로 지금도 이곳을 도토리골이라고 한다. 구 진북교 건너에 있는 마을로 북쪽으로 유연대 어은골이 이웃해 있다. 고지도에 보면 전주천에 도토리골로 가는 나무다리가 놓여 있고, 그 건너 산 아래 평지에 일자형의 건물 3채가 있으며, 거기에 외지소라고 기록되어 있다. 매우 큰 규모의 지소로 보인다.

### 신리 지소

전주부 지도(4폭병풍도, 도유형문화재 80호)에 보면 임실·남원으로 가는 길에 슬치고개 못미처서 지소가 있다. 지소를 지나면 신원(新院)이고, 더 가면 전주의 관문인 만마관(萬馬關)이다. 신원은 역참이 있던 곳으로 지금의 신리역 일원으로 보인다. 상관 신리 지소는 신리역 못미처로 생각되는데 정확한 현재의 위치는 밝혀져 있지 않다.

### 남고산성 남고사 지소

『호남읍지』「완산지」 남고산성도(1871)에도 지소가 나온다. 고덕산 자락에 위치한 남고산성(사적 294호)은 '견훤성'으로도 이야기되는 곳으로 남원 가는 길을 끼고 승암산 동고산성과 마주하고 있으며, 임진왜란 때 왜적을 물리친 곳으로도 전해지는 산성이다.

현재의 남고산성은 1812년(순조12) 옛 성터 자리에 다시 축조한 산성으로 서문 옆에 1846년(헌종12)에 명필 창암 이삼만이 쓴 남고진 사적비가 있

**남고산성도** | 『호남읍지』「완산지」 | 1871년 | 서울대학교 규장각 소장
표시한 곳이 남고사 지소이다.

다. 남고산성은 또 고려 말 황산대첩 때 정몽주가 이성계의 종사관으로 전주에 왔다가, 이성계가 오목대에 일가친지를 불러 모아 「대풍가」를 읊으면서 새 나라를 세울 뜻을 비치자 비분강개하여 홀로 남고산성에 올라 읊었다는 시가 서문 근처 만경대에 새겨져 있는 곳으로도 유명한 곳이다. 이 남고산성 안에 남고사가 있고 그 아래에 지소가 있다.

조선 후기 관영 수공업에서 민영 수공업으로 넘어가면서 사찰에서 많은 종이를 생산하게 되는데, 남고사의 지소 또한 그런 역할을 담당한 곳으로 보인다. 조선 전기에도 사찰에서 종이를 생산하였지만, 후기에 특히 많은 종이를 생산하여 관에 바쳤는데, 그 역이 과중하여 도망가는 승려들도 많았다고 한다.

## 흑석골 한지 공장

흑석골은 전주 한지의 대표적 생산처로 알려져 '한지골'로 불리기도 하는 곳이다. 지금과 달리 예전에는 계곡에서 흘러나오는 수질 좋은 물이 풍부해

흑석골 지소 터

한지를 뜨기에 적절한 여건을 갖추고 있었다.

그러나 흑석골이 한지골로 자리한 것은 한국전쟁 이후로 그 연원이 그리 오래된 것은 아니다. 한국전쟁 전에는 전주제지 한 곳이 흑석골에 있었다. 동산면 덕치면 등 전주 외곽에서 한지를 제조하던 지공들이 한국전쟁 때 피난 나왔다가 전쟁 후 흑석골에 눌러앉아 한지를 뜨게 되면서 한지 공장들이 모여들게 되었다.

비록 지금은 흑석골에 한지 공장이 한 곳만 남아 있지만, 80년대 후반까지만 해도 한지 공장들이 즐비했다. 최장윤 씨[호남제지(천양제지) 설립자]에 의하면 호남제지, 문성제지, 문산제지, 평화제지, 청보제지, 전주제지 등 7~8개의 한지 공장이 있었다고 한다. 흑석골은 폐수 등 환경문제로 한지공장들이 다른 곳으로 이주하거나 폐업할 때까지 어려운 여건 속에서도 전주 한지의 명맥을 마지막까지 이어 가던 전주 한지의 마지막 보루 같은 곳이다.

### 전주천변 지소

남원 쪽에서 전주 도심으로 들어오는 길가의 한벽당, 좁은목 부근 전주천변에도 일찍부터 지소가 있었던 것으로 보인다. 조선시대의 경우는 확인할 수 없지만, 일제강점기 승암산 아래(좁은목 앞) 천변에서 종이 뜨는 사진과, 1960년대 한벽당 아래 전주천변에서 통을 놓고 한지를 뜨는 사진 등이 있다.

또 구술에 의하면 지금은 좁은목 앞에 대로가 나 있지만, 예전에는 천변 쪽으로 차가 겨우 지날 수 있는 좁은 길과 공터가 있었고, 여기에 꽤 큰 한지공장이 한국전쟁 전에도 있었다. 예전에는 노루목 자락 좁은목 약수터에 물이 대량으로 흘러나와서, 이 깨끗한 물과 전주천 물을 같이 이용해 종이를 떴다고 한다.

좁은목 앞만이 아니라 전주천이 한벽당에 부딪쳐 꺾어지는 남천을 따라서도 한지공장들이 자리했다. 즉 전주천이 우회하게 되는 초입 안쪽으로 풍남

**한지통** | 1968년 | 전주천 한벽당 아래에서 한지통을 놓고 한지를 뜨고 있다.

제지와 중앙제지 등이 있었고, 교대 앞쪽으로는 매우 큰 규모의 기산당 한지 공장이 있었다. 기산당은 문을 닫은 지 오래지만, 건물은 늦게까지도 남아 있었다.

전주천변에는 이들 외에도 많은 지소들이 있었을 것으로 생각된다. 옛날 지소라는 것은 특별한 건물이 있는 것이 아니고, 천변에 통을 놓고 종이를 뜨는 식이었으며, 건물이 있다고 해도 거적 같은 것을 씌워 놓은 가건물 형태이었다. 그러다가 현대에 들어와서 시멘트벽돌로 쌓은 지소들이 만들어졌다.

## 전주역 앞 장계동 종이우산 공장

전주역 앞 야산 앞쪽(시내쪽)으로 산자락을 타고 지(紙)우산 공장들이 즐비했다. 전주역 앞 백제로도 본래는 야산이었다. 이 동네를 장계동이라 하였는데(현 인후동), 유배근 씨(한지발장, 도무형문화재 31호)에 의하면 50년대 후반만 해도 10여 개의 지우산 공장이 있었다.

종이우산은 비닐우산보다 잘 뒤집어지지도 않고 좋았으며 비쌌다. 우산지는 닥이 많이 들어가고 질이 좋았다. 20장이 한 권, 100권이 한 덩이인데, 한 덩이씩 짊어지고 우산 공장에 팔러 올 만큼 지우산 소비가 많았으며, 여기에서 만든 지우산이 전국에 보급되었다.

## 전주 한지박물관·부채문화관

전주 한지박물관은 팔복동에 위치하고 있다. 본래는 한솔제지에서 건립하여 운영하였으나 지금은 전주페이퍼에서 2007년 명칭을 변경해 운영하고 있다. 한지의 역사, 한지공예 등을 전시하고 있다.

한지박물관

부채문화관

부채문화관은 한옥마을 경기전 동문 밖에 위치하고 있다. 2011년 전주의 대표적인 전통문화 소리, 부채, 완판본을 전시하고 체험하기 위해 한옥마을에 3대 문화관을 개관하였다. 부채문화관은 그 중 하나로 부채 상설전시와 함께 기획전과 부채 제작 체험을 진행하고 있다.

## 소양 동양한지조합 · 대승한지마을

현 소양면 우체국 자리에 한지산업조합인 동양산업조합이 있었다. 우체국 옆으로 일제 때 지은 붉은 벽돌 건물이 우편으로 일부 남아 있으며, 관사도 사람이 살지는 않지만 얼마 전까지 남아 있었다. 우체국 뒤쪽으로 창고와 공터가 있는데, 이 일원이 조합과 한지 공장이 있었던 터이다. 여기에서는 장판지와 함께 창호지도 많이 생산되었다고 한다. 이 일원에서 생산된 한지들은 모두 이 산업조합을 거쳐야 되었다. 일제강점기 때 한지는 통제품이었다.

소양 동양한지조합 관사

완주 원암마을 지소 줄방

『전라북도의 특산물』은 일제 때 산업장려관 혹은 도에서 제작 간행된 것으로 한지에 인쇄된 소책자이다. 여기에 동양산업조합을 포함해 7개 면 7개 조합이 생산단체로 등재되어 있고, 이 조합들을 거친 종이를 전주시 팔달정에 소재한 조선지업주식회사가 지정 판매자로 총판하는 것으로 기재되어 있다. 나머지 6개 조합은 임실군 강진면 갈담산업조합, 순창군 구림면 순창산업조합, 고창군 고창면 고창산업조합, 진안군 진안면 진안산업조합, 남원군 산내면 산내산업조합, 무주군 무주면 무주산업조합 등이다.

대승한지마을은 완주군 소양면으로 화심두부마을에서 동상 쪽으로 꺾어 조금 더 가면 있다. 송광사 일원만이 아니라 이곳 대승마을에서도 예전부터 한지를 떠 왔다. 이런 역사를 토대로 한지마을을 조성하여 한지 체험, 한옥 스테이 등을 운영하고 있다. 동양산업조합 관사와 가물택이 지소의 줄방(지장들 거처) 건물이 현대적으로 재현되어 있다.

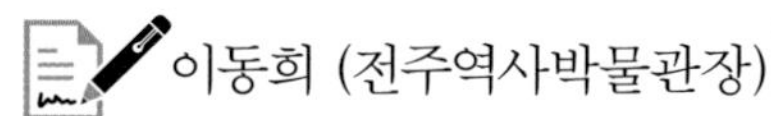
이동희 (전주역사박물관장)

## 답사 코스

전주천변(한벽당, 좁은목) → 흑석골 → 전라감영(선자청) → 한옥마을 부채문화관 → 한지지원센터(한국전통문화의 전당) → 전주 한지박물관 → 소양 동양한지조합 → 대승한지마을

3장

# 전주 소리길

## 개요

전주를 판소리의 본향이라고 부르는 것은 판소리의 역사에서 전주를 빼놓고는 설명하기 어렵기 때문이다. 판소리에 관한 가장 오래된 자료는 조선 영조(1724~1776) 때 사람인 유진한(柳振漢)의 문집 『만화집』이다. 이 책에는 흔히 「만화본춘향가」라고 불리는 '가사 춘향가 200구'가 실려 있다. 또한, 1810년경에 쓰여진 송만재의 「관우희」라는 총 50수로 된 한시에는 판소리 열두 바탕, 그리고 우춘대·권삼득·모홍갑 등의 소리꾼 이름이 등장한다.

판소리 초창기인 영조 전후에 우춘대, 최선달, 하한담 등이 소리꾼으로 명성을 날렸는데, 이중 하한담과 최선달이 무부(巫夫) 조직체인 전주 신청(神廳)의 대방(大方)과 도산주(都山主)였다고 한다. 이렇듯, 초창기 소리꾼이 전주 신청에 있었다는 것은 이 시기에 이미 전주가 판소리의 고장으로 중요한 역할을 하였음을 알 수 있다.

19세기 전반, 순조 무렵에는 권삼득·송흥록·모흥갑·염계달·고수관·김제철·주덕기·황해천·박유전·송광록 등의 명창이 있었는데, 이중 여덟을 골라 '전기 8명창'이라 한다. 충청도 태생인 김제철과 역시 충청도 해미 태생인 고수관, 그리고 태생 미상인 황해천을 제외하면, 박유전을 비롯해 나머지 7명창이 모두 전북 출신 혹은 전북 출신일 가능성이 높다.

19세기 후반, 철종 무렵에는 박만순·이날치·송우룡·김세종·장자백·정창업·정춘풍·김찬업·김정근·한송학 등이 있는데, 이중 여덟을 골라 '후기 8명창'이라 한다. 후기 8명창에 드는 사람 중에서, 전남 함평 태생인 정창업, 충청도 유가(儒家) 태생인 정춘풍, 충청도 강경 태생인 김정근, 경기도 수원 태생인 한송학을 제외한 나머지 6명의 명창이 모두 전북 태생이어서 전라북도가 가히 판소리의 고장임을 입증케 한다.

따라서 판소리가 꽃피고 중흥을 이루었던 전후기 8명창시대에 전라북도가 판소리의 중심을 이루었고, 이들이 당시 정치, 경제, 문화, 사회 전반에 걸쳐 중심지였던 이곳 전주를 본거지로 활동하였을 것이라는 사실은 이론의 여지가 없다 하겠다.

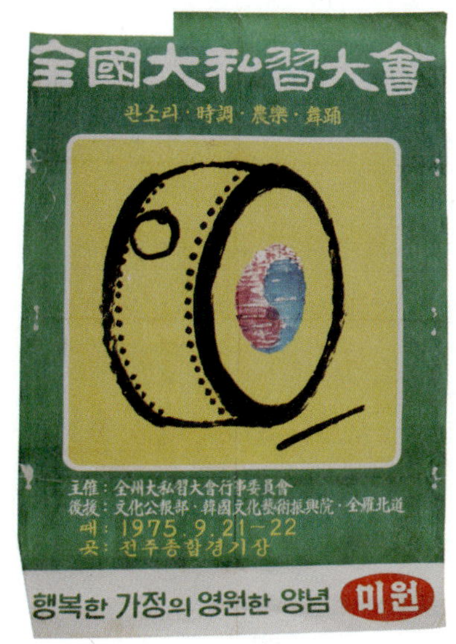

**제1회 전주대사습놀이 포스터** | 1975년 | 전주대사습놀이보존회 소장

뿐만 아니라, 전주는 전주대사습놀이를 통해 판소리의 역사를 새로 쓴 역사의 현장이기도 하다. '전주에서 소리하려면 겁부터 난다.'라는 소리꾼들의 고백처럼, 전주는 소리를 제대로 알고 즐길 줄 아는 '귀명창'의 도시이다. 전주대사습놀이 전국대회는 1975년에 부활되어 1998년까지 총 24명의 판소리 명창부 장원자를 배출했다. 이중 전라북도 출신 혹은 전라북도에 뿌리를 내리고 활동하는 사람이 50%인 12명에 달한다.

전주 지역(완주 포함)에 위치한 소리와 관련된 유적으로는 전주 대사습놀이를 주도했던 전라감영과 전주부영의 통인청이 있다. 모홍갑과 주덕기에 관련한 일화가 전하는 다가정, 일제강점기부터 광복 이후에 이르기까지 우리 소리의 중심이었던 전주권번과 전동국악원 터, 오늘날 전통예술의 종합 전당인 전북도립국악원도 있다. 또한 우리 지역의 대표적 소리꾼 권삼득이 태어난 생가와 묘소, 소리굴 등도 꼽을 수 있다.

## 통인청과 대사습놀이

통인은 감사와 수령의 잔심부름을 맡아 하는 자들로, 이들이 머무는 곳이 통인청이다. 19세기 「완산십곡병풍도」에 보면 전라감영의 통인청은 감사의 집무처인 선화당 근처에 위치하고 있으며, 전주부영의 통인청은 전주동헌 근처에 위치했다. 전주는 '귀명창'의 도시로 전주의 소리 발전에는 통인과 통인청의 역할이 컸다.

판소리 최고의 등용문인 전주대사습놀이는 조선 후기 전라감영과 전주부영의 통인들이 소리꾼들을 불러 모아 잔치를 벌인 데서 유래하였다. 즉 동짓날에 전라감영과 전주부영의 통인청에서 각각 소리꾼을 불러 모아 놀이판을 벌였으며, 서로 간에 많은 군중들이 모일 수 있도록 각지로 수소문해 경쟁적으로 실력 있는 소리꾼을 불렀다.

전주대사습은 구한말 이후 중단되었다가 1975년 전주 지역의 뜻있는 인사들의 의기투합으로 부활되었다. 경연대회 형태로 바뀐 전주대사습놀이전국대회는 현재 판소리명창부와 농악, 시조, 무용, 궁도 등 총 10개 분야로 운영되고 있다.

소재지 : 전북 전주시 완산구 전라감영로 57(중앙동, 구 전북도청)

## 다가정 多佳亭

다가산 북쪽 기슭 활터에 위치했던 정자이다. 1712년(숙종38) 4칸으로 지었던 천양정이 9년 만에 홍수를 만나 유실되자, 1722년(경종2) 김삼민 등이 중심이 되어 자기 소유의 땅에 정자를 재건하고 산 이름을 따 다가정이라 하였다. 그러나 1918년 일제에 의해 천양정에 통폐합되었다. 다가정에는 모흥갑과 주덕기에 관한 일화가 전한다.

모흥갑(牟興甲)은 순조~철종 때에 활동했으며, 전기 8명창 중 한 사람이다. 전주 출신, 혹은 경기도 진위 또는 경기도 안성군 죽산 출신으로 일컬어

다가정 암각서

지기도 한다. 권삼득과 더불어 송만재의 관우희에 이름이 등장하는 초기의 소리꾼 중 대표적인 사람이다.[1]

그는 판소리꾼으로서는 처음으로 헌종 13년(1847) 종2품 '동지'의 벼슬을 제수받았으며, 평양감사인 김병학의 초청으로 능라도에서 소리하는 모습이 서울대학교 도서관이 소장하고 있는 '평양감사부임도' 라는 병풍에 그려져 있다. 평양 연광정에서 판소리를 할 때에는 덜미소리를 질러내어 10리 밖까지 들리게 하였다는 유명한 이야기가 있고, 적벽가에 특장하여서 당시 적벽가에 있어서는 타인이 그 앞에서 감히 개구치 못하였다 한다.

1 長安盛說禹春大 장안에 이름 높긴 禹春大인데
當世誰能善繼聲 당대에 누가 능히 그 소릴 이을 것인가
一曲樽前千段錦 술자리 한 곡조면 천 필의 비단
權三牟甲少年名 권삼득(權三得)과 모흥갑(牟興甲)은 아직 어린 이름이구나.
- 송만재, 「觀優戲」, 49번째 수.

주덕기는 순종~철종 간에 활동했던 명창으로 전주 출신(혹은 전남 창평)이다. 처음에는 송흥록(宋興祿)과 모흥갑의 수종 고수 노릇을 하였으나, 후에 소리 공부하기를 결심하고 깊은 산에 들어가 소나무 밑둥지를 베어 놓고 주야로 제사를 드리며 수련했는데, 소나무 수천 그루를 베었다 하여 '벌목정정(伐木丁丁)'이라는 별호를 얻었다.

모흥갑은 만년을 전주군(全州郡) 난전면(亂田面) 귀동(貴洞)에서 보냈다. 난전면은 지금의 전주시 삼천동 지역이다. 한때 모흥갑의 수종 고수였던 주덕기가 전주부 다가정에서 소리하였다. 그러나 많은 사람들 앞에서 관객들의 칭찬에 으쓱하여 "모흥갑이 못 따라오는 것은 물론 송흥록도 오히려 미치지 못하여 우러러본다."고 송흥록과 모흥갑을 폄하하였다. 때마침 그곳을 지나던 모흥갑이 그 말을 듣고 자신의 부족함은 인정하나, 다만 송흥록에 대한 언사는 무례한 일이라 하며 「춘향가」 중 '이별가' "여보 도련님 날 다려가오" 대목을 순치음으로 불렀다. 이에 주덕기는 크게 부끄러워하며 좌중 앞에 사죄했다고 한다. 이때 모흥갑이 부르던 창법을 강산조 혹은 강산제(박유전의 강산제와 구별하기 위해 동강산제라고 부르기도 한다.)라 한다. 모흥갑의 강산조는 판소리 평조와 그 구성음은 비슷하나 고음역 선율형이 많아서 청아하고 들뜬 느낌을 준다. 이 강산조는 주덕기에 의해 전파되었다고 하는데, 일제시대의 명창의 음반에 더러 녹음된 것이 남아 있다.

Ⓐ 전라북도 전주시 완산구 중화산동 다가공원 일대

### 전주권번 全州券番

전주에는 전주권번, 전동권번, 낙원권번 등이 있었으며, 전주권번은 풍남문 옆에, 전동권번은 풍남문 주변의 음식점 '행원'[2] 자리에 위치하였다. 고려, 조

2 전주 최초의 요정인 행원의 주인으로는 여류 화가 남전 허산옥이 유명하다. 그는 국전추천

선시대에는 교방에서 여악(女樂)을 길러냈다. 이러한 전통은 일제강점기에 예기조합과 권번으로 바뀌어 이어졌다. 본래 기생은 시조·가사 등의 정가와 거문고·가야금 등 기악을 익히고 연행하였으나, 일제강점기 이후 교방이 권번으로 개편되면서 판소리 등 민속악이 도입되었다.

전라북도 지역에서 교방이 위치한 지역은 전주·무주·순창이었다. 그리고 교방 설치 여부는 확실하지 않지만 남원 지역에 기생이 거주하고 있었다. 교방과 기생이 거주했던 지역에서 일제강점기에 들어서 권번으로 이어진 지역은 전주와 남원이고, 무주와 순창은 권번으로 전승되지 못하였다. 반면 근대도시로 성장하고 있었던 군산·정읍·이리·부안 등에 조합과 권번이 각각 설립되었다. 전주·정읍 권번은 무용, 이리·군산 권번은 창(소리)이 특징이었다. 그 밖에 남원권번에서도 소리가 강했고, 정읍권번에서는 시조의 전통이 이어져 왔다고 한다.

일제강점기 전주권번과 관련된 재미있는 기사가 하나 있어 소개한다. 조선일보 1927년 1월 14일자 기사에 의하면, 전주권번 소속 기생들이 특별한 행동이 있었는데, '1927년 새해를 맞아 육류 도축 판매업에 종사하는 형평사(衡平社) 사원들이 연회를 하려고 기생을 불렀으나, 기생들 30여 명이 회의를 한 끝에 이를 거부하기로 결정했다는 것이다. 즉, 아무리 세상이 바뀌고 기생 신분이지만, 최하층민 신분이었던 백정(白丁)에게 술 따르기는 자존심이 허락지 않는다는 결의였던 것이다.

전북 전주시 완산구 풍남문3길 12(전동)

---

작가와 전북초대작가 등으로 활동했으며, 특히 사군자와 장미를 잘 그려 많은 사람들에게 인기를 끌었다.

## 전동국악원 殿洞國樂院

현재 남문시장 시내버스 승하차장 바로 앞 건물 자리가 전동국악원(전주국악원이 전동에 자리하여 보통 전동국악원이라 불렀다.)이 있던 자리이다. 전동국악원은 해방 후에 전주 유지였던 전경석이 70% 정도를 내고, 화가인 유당 김희순을 초대 원장으로 개원하였다. 최승희, 이성근 등 명인들도 전주국악원에서 소리를 처음 배운 이들이다.

권번에서 국악원으로 바뀐 이후 나타난 가장 큰 변화는, 국악원에서는 기생뿐만 아니라, 일반인도 음율과 무용 등을 배우고 가르치게 되었다는 점이다. 초기 전동국악원에는 소리 김동준, 시조 정경태, 무용 임금화(정자선의 제자), 거문고 신쾌동 등이 선생으로 활약했다.

전동국악원이 침체기에 접어든 후에는 전주 시청 부근 여관 2층에 전북국악원이 설립되었다. 전북국악원 이후에는, 완산초등학교 윗편에 '청학루' 건물이 세워져서 국악의 산실 역할을 담당하였다. 해방 전후에 있었던 전북 국악의

**청학루** | 근대 | 전주역사박물관 소장 | 1921년 전주의 대표적인 친일파 박기순이 전라감영 비장청(秘將廳) 건물을 뜯어 옮겨 짓고 청학루라 하였다.

이러한 전통은 1986년 전북도립국악원 설립으로 그 명맥이 계승되었다고 하겠다.

전북 전주시 완산구 완산4길 22

## 전북도립국악원 全北道立國樂院

전북도립국악원은 1986년 10월 초대 원장이었던 황병근의 집념과 노력에 의해 설립되었다. 관립 기관인 도립국악원 설립을 통해, 당시 민간학원, 요정, 약장수판 등의 활동이 전부였던 국악인들이 떳떳하게 월급을 받고 활동하게 되었다. 창단 당시에는 원생을 모집해 교육하는 교수부, 곧이어 연구 업무를 담당할 연구단, 그리고 1988년에는 공연 분야를 담당할 창극단, 관현악단, 무용단이 차례로 창단되어, 지역에서는 유일하게 이른바 '교육-연구-공연'의 삼위일체를 모두 갖춘 전통예술의 종합 전당으로 발돋움하였다.

전북도립국악원 앞 권삼득 비

전북도립국악원 앞에는 '국창 권삼득 기적비'가 세워져 있다. 권삼득 기적비는 1993년 건립되었으며, 판소리 악기인 북의 모양을 따 만들어졌다.

Ⓐ 전북 전주시 덕진구 권삼득로 400(덕진동 2가)

## 권삼득 생가와 묘소, 소리굴

권삼득(權三得)은 안동 권씨 추밀공파 권래언의 둘째 아들로서, 이름은 정(倣), 자는 사인(士仁)이다. 영조 47년(1771)에 나서, 헌종 7년(1841) 5월 7일에 71세의 일기로 작고하였다.

조선 후기에 활동했던 소리꾼인데, 당대 8명창 중 가장 선배 격이다. 전라북도 완주군 용진면 구억리(九憶里) 출생으로 조선 정조 · 순조 때 활동했다. 익산시 남산리(南山里) 출생설이 있으나 남산리는 아들이 살았기 때문에 그가 만년에 살았던 곳으로 보인다.

그의 생가는 완주군 용진면 구억리 49이며, 권씨 문중 사당으로 표시되

권삼득 묘소

어 있다. 그의 묘소는 완주군 용진면 구억리 산94-1 이목정인데, 그의 비석은 1994년 11월 13일 문중에서 세웠으며, 2003년 12월 18일 완주군에서 묘소를 재정비하고 새로운 비석을 세웠다. 묘의 오른편 앞쪽에는 작은 구멍이 있는데 비 오는 밤마다 노랫소리가 울려 나온다고 해서, 권삼득의 '소리 구멍'이라 불린다. 또한 묘의 오른편 아래쪽에는 권삼득이 소리 공부를 한 곳이라고 전해지는 '소리굴'이 있다.

권삼득은 양반 가문에 태어나 집안의 만류를 무릅쓰고 소리 공부를 하여 대명창이 되었다. 어려서부터 글 배우기를 싫어하고 소리 공부에만 전념하였다. 부친의 호 이우(二憂)의 두 가지 근심 중 하나가 바로 권삼득이었다.

그의 부친은 가문의 명예를 위하여 권삼득을 죽이기로 하였으나, 죽음에 당하여 부른 한 곡조의 구슬픈 소리에 감동한 사람들이 죽이기에는 너무 아깝다 하여 족보에서 제명하고 쫓아내는 것으로 대신하였다 한다. 그 후 그는 판소리에 정진하여 마침내 대성하였다. 하은담(河殷潭)· 최선달(崔先達)에게 배웠다고 하나 이를 뒷받침할 만한 뚜렷한 근거는 없다. 서울에 올라와 송

권삼득이 소리 공부를 한 소리굴

홍록· 모흥갑 등과 활동하였다.

그는 흥보가를 잘하였고, 특히 제비 후리러 나가는 대목을 권마성제(勸馬聲制)로 지어내어 널리 알려졌다. 권마성제는 덜렁제, 설렁제, 드렁조, 권마성조 등으로 일컬어지기도 하는 선법으로 '흥보가 중 놀보 제비 후리러 가는 대목', '춘향가 중 군노 사령이 나가는 대목', '적벽가의 위국자의 노래', '수궁가의 벌덕게가 여쭈는 대목' 등 판소리에 널리 쓰이며 높은 음역을 지속하거나, 높은 음에서 낮은 음으로 넓게 뛰어내리는 음으로 매우 씩씩한 느낌을 주는 남성적인 창법이다. 권삼득은 호쾌한 덜렁제 창법을 도입하여 판소리의 표현 영역을 확대하고 다양화함으로써 판소리의 예술성을 심화시키는 데 기여했다.

이 소리제가 높은 소리로 길게 질러내는 탓에 그랬던지 신재효(申在孝)는 「광대가(廣大歌)」에서 그를 평하여 이르기를 '권 생원(權生員) 사인씨(士仁氏)는 천층절벽(千層絶壁) 불끈 솟아 만장폭포(萬丈瀑布) 월렁궐렁 문기팔대(文氣八代) 한퇴지(韓退之)'라 하였다. 그의 소리제는 염계달(廉季達)이 많이 모방하였다 한다.

전북 완주군 용진면 구억리 49(생가)
전북 완주군 용진면 구억리 산94-1 이목정(묘소)

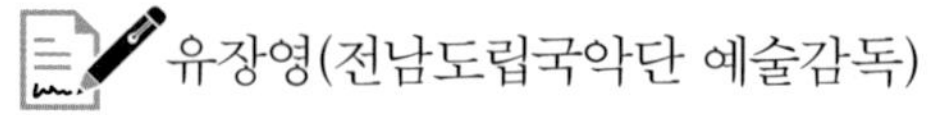

유장영(전남도립국악단 예술감독)

## 답사 코스

다가정 → 전주권번 → 전동국악원 → 전북도립국악원 → 권삼득 생가 → 권삼득 묘소와 소리굴

4장

# 전주 서화의 맥

## 개요

옛 전주는 건지산과 곤지산의 조화 속에 도시가 위치하고 있었으며, 전주천과 삼천 그리고 북쪽으로는 만경강이 유유히 흐르고 있는 지역이다. 특히 통일신라 시기에는 최치원이 전주와 가까운 정읍에 태산태수로 부임하여 시문과 서예를 보급시켰다.

고려시대로 넘어오면서 전라도의 서풍은 계속 발전하여 금산사의 혜덕왕사비가 등장하였다. 그러나 고려시대는 조조의 금비령(禁碑令)의 영향을 받아 왕사나 국사비 이외는 허용되지 않아 비를 세울 수 없어 묘지석의 형태로 나타나게 된다.

조선시대 초기에 전북 지역에서 학자와 명필로 이름을 날린 사람이 없다가, 중기에 대 명필가가 나타나니 송재 송일중이다. 송재는 당시의 양송체로 널리 알려진 송준길의 천거로 사옹원봉사직을 하였으며, 청나라 황제도 그의 글씨를 극찬할 정도였다. 송재 자료를 보면 나라의 중요한 비석과 편액은 그가 썼는데, 가까운 지역의 남원 용성관, 부안의 부풍관, 김제 홍복사의 관음전 편액을 썼다.

이후 조선 후기에 전주에서 걸출한 인물이 나오니 바로 창암 이삼만이다. 이삼만은 호남의 7고봉[해봉 스님, 노질(盧質)·이학전(李學傳)·김각(金珏)·심두영(沈斗永)·이삼만(李三晩)·초의(艸衣 意恂)]과 교유하면서 창암체를 형성하여 이름이 중국에까지 날린 작가이다. 창암 이삼만은 제자들을 위하여 서예 교본인 『화동서법』을 발행하였고, 후학인 서홍순과 모수명, 그리고 초의 선사에게 책을 나누어 주면서 지도한 흔적들이 나타난다. 이에 영향을 받은 서홍순도 서예 교본인 『호산심획(湖山心畫)』을 발행했고 모수명의 제자 박문회도 『고금역대법첩』을 발행했다.

창암이 전라도의 서예를 일신했고 뒤를 이어 바로 태어난 사람이 석정 이정직(1841~1911)이라 할 수 있다. 석정 이정직은 김제와 전주에서 활동하였지만, 중국의 수도인 연경을 돌아보고 많은 진적과 이론서를 가지고 와서 제자들을 가르쳤다.

석정의 제자로 이름을 날린 서예가는 벽하 조주승, 유재 송기면, 학상 정우성, 소강 송헌호, 이당 조병현, 석전 이연호, 이운 나갑순, 오당 강동희, 설송 최규상, 유하 유영완, 학헌 조승헌, 정로식, 정한조, 곽탁 등이 있다.

벽하의 제자인 효산 이광열(1885~1966)은 『전주부사』를 편찬한 사학자이며 서화가이다. 효산은 천성이 고결하고 용모가 단정하였으며, 조부 인흡(仁洽)으로부터 학문과 서화를 본받아 몽매한 학생들을 깨우치기 위하여 함육학교에서 교편을 잡았다. 그의 서화의 맥은 아들 인당 이영균과 윤당 이기봉 및 외손자인 효원 정창모(인민화가)에게 이어졌다. 해방 이후 전주에서 서예로 꽃을 피운 인물이 바로 석전 황욱과 강암 송성룡, 그리고 원광대 서예과를 세우는 데 공헌한 남정 최정균 교수이다.

전주에는 효산 이광열의 흔적이 많이 남아 있는 다가공원과 천양정, 내로라하는 서화가들의 글씨가 남아 있는 기령당, 창암 이삼만 묘소와 생가 터, 창암의 글씨가 남아 있는 한옥마을 창암 암각서와 강암 송성용을 기리기 위해 세운 강암서예관 등 다양한 서화 관련 유적지가 있다.

### 다가공원 효산 이광열 기적비와 천양정 曉山李光烈紀蹟碑 · 穿楊亭

천양정 : 전라북도 문화재자료 제6호

효산 이광열이 천양정 사장(射長)으로 재임할 당시 일제가 다가산을 신사

**천양정 내부와 현판** | 1830년(순조30)

효산 이광열 기적비

부지(神社敷地)로 사용하기 위해 천양정 소유의 광대한 토지와 건물을 부당한 압력으로 수탈하려 했다. 이에 일본을 추종하는 무리들과 무려 4년 동안이나 지루한 법정투쟁을 벌였으나, 마침내 토지수용령 발동으로 빼앗긴 후 분을 참지 못하였다. 이후 해방을 맞이하자 바로 천양정 반환운동을 제기(提起)하여 빼앗겼던 부동산 전부를 되찾아 오늘의 다가공원과 천양정이 존재할 수 있었던 것이다.

천양정에는 효산의 흔적이 많은데 들어가는 입구의 천양정(穿楊亭) 편액과 건물 주련이 그의 글씨이다. 다가공원에는 효산 이광열의 공적을 기록한 기적비가 있는데 효산의 수제자인 민윤식이 썼다. 다가공원에는 조선시대 관찰사 및 부사의 선정비와 김인전 목사와 배은희 목사 등의 공적비들이 역사를 말해 주고 있다. 선정비 바로 밑에는 초서로 쓴 구암(龜岩)이란 암각서가 있으며, 화장실 뒤 바위에는 옛 사정을 표시하는 다가정(多佳亭) 암각서가 있다.

전북 전주시 완산구 전주천서로 237(중화산동 1가)

## 전주 기령당 耆寧堂

국내에서 가장 오래된 경로당으로 2016년에 창당 419주년을 맞이했다. 이곳은 조선시대 전라관찰사나 전주부윤이 가장 먼저 찾는 곳으로, 이러한 관례(慣例)를 어기면 옷을 벗는다는 말이 전해 온다.

전주 시내에서 서천교를 지나 옛 정읍 가는 비탈길을 올라가면 약 200여 m 지점 산기슭에 기령당이 있다. 기령당 편액은 정문에 걸려 있으며, 설송 최규상이 행서를 가미한 해서로 썼다.

설송은 전주인이며 한학자인 최보열의 둘째 아들로 김제 진봉에서 태어났다. 선비 가정에서 성장한 그는 석정 이정직에게 사사하여 서도를 연마하였다. 일찍 군산 측량학교를 졸업하고 한때 김제 군청에 근무한 후 백산 면장을

기령당

역임하였으며 석교학교를 창설하여 이를 경영하기도 했다. 서체는 전서, 예서, 해서, 행서에 능하며 특히 전각은 국내에서도 손꼽히는 각법을 보유하여 독창적인 경지에 다다랐다.

중년에 전주로 옮겨 와 성재 김태석에게 전서와 예서, 그리고 전각의 도법을 배웠으며 경향 각처에서 서화계의 중진들과 교유했고 작품 전시를 하였으며 조선 전람회에도 입선하였다. 기령당 뒤쪽에는 시내를 바라보는 아담한 송석정(松石亭) 편액이 있는데, 이 글씨는 효산의 수작으로 추사 글씨를 얼마나 공부했는가를 가늠할 수 있다. 효산은 삼천동에 있었던 추사가 쓴 김기종효자비를 탁본하여 연습하였던 것이다.

기령당에는 이건호·이삼만·김옥균·송성용 등의 편액이 있고 기둥에는 효산이 쓴 주련이 있다. 마당 좌측에는 정석모가 짓고 이광열이 쓴 전주 기령당 사적비가 있어 기령당의 역사와 운영 관계를 상세히 설명하고 있다.

전북 전주시 완산2길 15-3(서완산동 1가)

## 창암 이삼만 묘소 蒼巖李三晩墓所

완주군 구이면 평촌리 964번지에 있다. 방형 대석에 월석의 비신을 갖추고 있는 이 비는 1859년경 세운 것으로 추정한다. 현재 묘소 앞에는 새로 세운 비가 있는데 비문은 이도형이 짓고 글씨는 송성용이 썼다.

자료를 보면 추사가 귀양살이에서 풀려나 서울로 가는 도중에 창암의 묘표를 써 주었다고 전한다. 즉 내용은 "공필법관아동노익신화명파중국제자수십인일상시습역다천명우세취계제자위후(公筆法冠我東老益神化名播中國弟子數十人日常侍習亦多薦名于世取季弟子爲后, 창암의 필법은 뛰어나 늙어가면서 더욱 신필로 변해 가 이름이 중국에까지 알려졌다. 제자 수십 인은 일상 모시고 연습하여 또한 많은 제자들이 세상에 이름을 날렸다. 막냇동생의 아들로 후손을 이었다.)"라고 한다. 그러나 아쉽게도 현재는 창암의 묘표에 기록되어 있지 않다.

창암의 묘소는 1847년 창암이 공기골에서 세상을 떠나자 산을 넘어 묘를

창암 이삼만 묘소

**창암 묘소 지도**

썼다고 전한다. 이후에 창암의 방손들이 창암의 묘소 옆에 창암과 서로 소리로 교유했던 명창 심씨의 묘소를 이장해 나란히 안장하여 창암을 즐겁게 해 주었던 것이다.

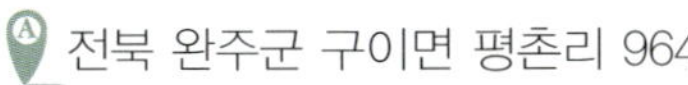
전북 완주군 구이면 평촌리 964

### 완주 편백나무 숲 공기골 창암 이삼만 생가 터 蒼巖李三晩生家址

완주군 상관면 죽림리 공기골은 전주에서 상관면 신리와 상관IC를 지나서 바로 우측으로 들어가 공덕교를 지나 곧바로 올라가야 한다. 이 공덕교 부근은 예전에 한지를 만드는 공장이 다리 근방에 많이 있어, 지금도 옛 종이를 만들었던 도구들이 널려 있다.

공기골에 접어들면 북동쪽에서 냇가를 타고 들어오는 바람을 막기 위하여 느티나무로 방풍림을 만들었다. 시기는 정확히 알 수 없으나 흉고가 300㎝

**창암 이삼만 생가 터**(완주 편백나무 숲)

가 넘으며, 나무 사이로 고인돌 형태의 돌들이 몇 개 보인다.

죽림 편백길을 따라 올라가면 최근에 마을에서 세운 창암정이 있고, 여기서 더 올라가면 상관면 죽림리 689번지에 생가 터가 있다.

이곳은 오래된 감나무가 있었는데 지금은 없어지고, 창암이삼만선양회에서 만든 표지석이 하나 서 있다. 전면에는 "창암이삼만선생고택지(蒼巖李三晩先生古宅址)가 써졌고, 뒷면에는 상관면 죽림리 689번지와 묘소의 번지수(완주군 구이면 평촌리 1047-17번지)가 기록되어 있다.

창암 이삼만이 전주 옥류동에 살다가 언제 이곳 공기골로 이사 왔는지 확실한 자료는 없지만, 창암이 68세 되는 1837년 심만수 작품 간지에 공동(孔洞: 공기골)이 나타나고 있다. 즉 이때는 창암이 공기골로 이사하여 말년에 서예의 격이 높아지는 시기로, 이곳에서 제자들 훈육 및 서론 정립에 열정을 쏟아부었다. 창암이 이곳에 있을 때 서예사적으로 중요한 창작물은 『창암서결』과 남고진 사적비이다. 즉 창암의 서예사적 이론을 총정리한 것이 바로 창암서결이고, 붓끝의 예술을 금석으로 표현한 걸작이 남고진 사적비이다.

창암이 공기골에 살 때 역사적인 사건이 벌어지는데 추사와의 만남이다. 1840년 9월에 추사는 제주도 귀양길에 전주를 지나가게 되었다. 이때 추사는 이목연 관찰사(공적비 봉동 소재, 창암 글씨 추정)에게 창암을 만나기를 청하여 창암과 추사가 객사에서 만나게 된다. 객사는 1605년경에 명나라 칙사 주지번이 풍패지관이라고 쓴 편액으로 유명한 장소이다. 이곳에서 두 서예가가 만나 주연을 베풀었으며, 이때 창암의 나이는 71살이고 추사는 55세이다. 창암은 추사보다 16살이 연상이었다. 한 분은 갈건야복(葛巾野服)의 노수요, 한 분은 명문(名門) 출신의 석학으로 이름이 날린 분이나 귀양길에 시간을 다투는 경우였다.

향토사학자 작촌 조병희 선생이 쓴 논문에 보면 "이 두 분 사이에 서신의 왕래가 있었는지는 알 수 없으나, 필자가 소장하고 있던 추사 간찰에는 창암에 대하여 찬사로운 내용이 담겨 있었다."고 기술하고 있다.

창암은 만년에 공기골에서 한가로운 생활을 하면서 자신의 서예 인생을 정리하고, 많은 작품을 후세에 남겨 서예의 경지를 한층 높였다.

전북 완주군 상관면 죽림리 689

## 한옥마을 창암 이삼만 생가 터 암각서 蒼巖李三晩生家址巖刻書

옥류동은 조선 후기 3대 명필인 창암 이삼만의 구거지로 창암이 이곳에 살면서 주변의 바위에 많은 글씨를 남겼다. 창암의 서법 근원은 중국의 한(漢), 위(魏) 이전의 서법과 우리나라 서가들의 명첩들을 범본으로 삼았다. 그는 피나는 노력과 정성으로 매일 천 자씩 연습하여 벼루 3개를 구멍 냈다는 일화가 있을 정도로 끊임없이 정진하여 일가를 이룬 사람이다.

그는 전주에서 태어나 서예를 연마하였고 31세에는 전주 동완산동 은송리 지역에서 『화동서법』을 발간하여 서예의 기초적 자료를 많은 사람들에게 제

**창암 이삼만 '필신기독(必愼其獨)'** | 조선 후기 | 전주역사박물관 소장

공했다. 화동서법이란 중국과 한국 서예가 6인의 필적을 모은 책으로 당시 필첩이 귀한 시기에 서예를 익히고자 하는 사람들에게 매우 유용한 교본이었다. 자신의 수양에 엄격했던 창암은 제자들도 많이 양성하였고 말년에는 자연의 미를 서예로 끌어들여 창암만이 가진 독자적인 '행운유수체'를 완성했다. 한벽당 맑은 물이 굽이쳐 흘러가듯, 기린봉의 구름이 거침없이 달려가듯, 붓끝의 운필을 자유자재로 구사했던 것이다.

옥류동 창암이 살았던 생가 터 부근에는 바위에 새겨진 암각서가 있는데 다양한 서체와 글귀가 써져 있다. 그 중 전서로 쓴 백화담(百華潭)이란 글귀와 해서로 쓴 풍수(風水) 그리고 취리한중 건곤일월(醉裏閑中 乾坤日月)이라는 글씨가 있다. 또 국군묘지 가는 도로 밑에 연비어약(鳶飛魚躍)과 옥류암(玉流巖)이라 쓴 암각서가 있었으나 도로를 내면서 묻었다 한다. 또 최병심의 손자가 소장한 사진에 의하면 이삼만이 쓴 영구음천(靈龜飮泉)이란 암각서가 있는데, 호가 강재로 적혀 있어 창암 초창기의 글씨임을 알 수 있다.

Ⓐ 전북 전주시 완산구 교동 한벽당 옆

## 강암서예관 剛庵書藝館

전북 지역 서예술을 새롭게 조명하고자 강암 송성용이 자신이 소장한 서화류와 고서 등을 전주시에 기증하여 조성되었다. 강암서예관은 연건평 264평

강암서예관

의 2층 건물로 1, 2층에 각각 90평 규모의 전시실이 있으며 지하에는 강의실과 수장고 등이 갖추어져 있다.

강암서예관은 이 지역의 예술적 전통을 살리고 그 면모를 보다 적극적으로 발전시켜 갈 수 있는 공간으로써 부여하는 의미가 크다. 2층 전시실에는 1990년 강암 선생이 자신이 그동안 소장해 오던 서화 작품을 전시하는데 추사 김정희, 창암 이삼만, 석정 이정직, 벽하 조주승, 유재 송기면 등을 비롯한 당대의 명필들과 정약용, 송시열, 황현(黃玹), 전우(田愚) 등의 당대 학자, 김구, 한용운 등 인사들의 글씨와 간찰(簡札) 50여 점이 전시되고 있다. 이들 작품들은 강암 선생의 선고 때부터 소장해 온 고서화들로 대부분이 쉽게 대할 수 없는 명품들이다.

1층 전시실에는 강암 선생이 직접 쓰고 그린 천자문과 풍죽이 있으며, 각종 편액과 작품들이 전시되어 있다. 이곳을 운영하는 강암서예학술재단은 한국 서단의 주역이 될 강암서예대전을 개최하고 있으며, 또 강암서예전국학생공모

전을 실시하여 젊은 인재를 발굴하고 있다.

강암서예관은 전주의 서예의 흐름을 한눈에 살필 수 있는 곳이고, 전주의 역사와 전통의 계승적 차원에서 매우 중요한 곳이다. 또한 강암 송성룡의 예술 세계의 진면목을 느낄 수 있는 곳이기도 하다.

전북 전주시 완산구 전주천동로 74(교동)

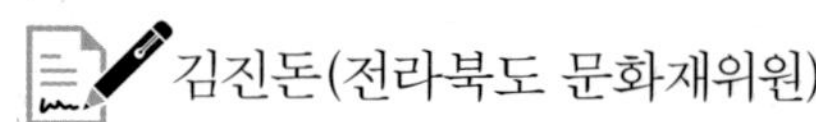


## 답사 코스

다가공원 효산 이광열 기적비와 천양정 → 전주 기령당 → 창암 이삼만 묘소 → 완주 편백숲 공기골 창암 이삼만 생가 터 → 한옥마을 창암 이삼만 암각서 → 강암서예관

제4편

# 교육유적

1장_전주향교와 교육

2장_화산서원과 전주의 서원

1장

# 전주향교와 교육

## 개요

조선시대 교육은 서당, 향교, 서원, 성균관 등에서 이루어졌다. 서당은 오늘날의 초등교육기관에 해당하는 것으로 각 마을에서 훈장을 모셔와 개설하는 사설 학교적 성격을 지닌다. 향교는 관에서 개설한 관학 중등교육기관으로 1개 군현에 1개 향교가 건립되었다. 서원은 사학으로 중등교육기관 정도에 해당하며, 조선 후기 교육의 장이자 향촌 사대부들의 공론이 형성되는 곳이었다. 성균관은 한양 한 곳밖에 없는 조선시대 최고의 교육기관으로, 지금과 비견하면 대학에 해당한다.

조선시대 전주에는 전주향교와 여러 서원을 비롯하여 각 마을에 서당들이 자리했다. 한옥마을 가장자리에 위치한 전주향교는 대설위(大設位)로 가장 큰 향교이다. 대설위는 감영이 설치된 고을의 향교로 위패를 가장 많이 모시는 향교를 말한다. 군현의 규모에 따라 대설위, 중설위, 소설위 향교로 나뉜다. 전주향교는 본래 그 규모가 동쪽으로는 지금의 기린로 변까지 확대되고, 앞으로는 만화루가 지금과 달리 전주천변에 있었다.

전주향교에는 대성전, 명륜당 향교 고유 영역 외에 진사와 생원이 모이는 사마재와, 인재를 양성하는 양사재 등이 그 주변에 설립되어 교육 기능을 보완하였다. 조선 후기에는 또 전라감영에서 현 신흥학교 자리에 희현당을 건립하여 인재들을 양성하였다. 사마재, 양사재, 희현당 등은 조선 후기 사학에 치여 쇠퇴한 공교육을 다시 일으키려는 성격을 지닌다. 이것은 전주만이 아니라 전국적 현상이다. 영남에는 희현당에 해당하는 낙육재가 있었다.

전주향교 만화루

## 전주향교 全州鄕校 | 사적 제379호

대성전 : 전라북도 유형문화재 제7호

향교는 지금의 중고등학교에 해당하는 관학으로, 강학과 배향 기능을 수행하였다. 향교가 처음 건립된 것은 12세기 초반 고려 인종대부터라고 할 수 있으나, 전국적으로 설치된 것은 조선 건국 후의 일이다. 성리학을 국가 주도 이념으로 표방한 조선은 건국 직후 1읍 1향교의 원칙을 세우고, 모든 군현에 향교를 설립하였던 것이다.

향교에는 원래 그 읍격에 따라 교수(종6품)와 훈도(종9품)를 파견하였으나, '속대전' 체제에 오면 교관들이 모두 없어졌다. 향교는 양인이면 입학할 수 있었으며, 정원은 부·대도호부·목 등 가장 큰 읍은 90명, 도호부 70명, 군은 50명, 가장 작은 읍인 현은 30명이었다.

향교의 구조는 대성전(大成殿)을 중심으로 양쪽의 동무(東廡)와 서무(西廡)로 구성된 배향 공간 문묘와, 명륜당(明倫堂)을 중심으로 그 양편이 동재

전주향교 대성전

전주향교 대성전 | 1957년

(東齋)와 서재(西齋)로 구성된 강학 공간 학교로 이분된다. 평지에서는 배향 공간이 앞으로 오고 강학 공간이 뒤에 위치하며[前廟後學], 언덕에 자리한 경우는 이와 반대다[前學後廟]. 배향 공간이 격이 더 높기 때문이다.

대성전 북벽 한가운데에는 공자 신위가 모셔져 있고, 그 앞으로 안자·자사·증자·맹자 4성의 위패가 모셔져 있다. 대성전 내 공자의 신위 좌우벽과 동무 서무에는 중국 성현과 우리나라 사람 동방 18현의 신위가 모셔져 있다.

본래는 대성전에 공자 신위 좌우로 공자 문인 10철과 송조(宋朝) 6현을 배향하고, 대성전 부속 건물 동무와 서무에 중국 7현과 우리나라 유학자 동방 18현을 배향하였다. 동방 18현은 동무에 설총, 안향, 김굉필, 조광조, 이황, 이이, 김장생, 김집, 송준길, 서무에 최치원, 정몽주, 정여창, 이언적, 김인후, 성혼, 조헌, 송시열, 박세채 등이다. 1949년 전국유림대회 이후, 사대사상을 마감한다는 의미로 우리나라 동방 18현의 신위를 대성전으로 옮겼다.

명륜당은 강학이 이루어지는 곳이며, 동·서재는 향교 유생과 교생들이 기거하며 공부하는 일종의 기숙사 같은 공간이다. 동재와 서재는 신분이 차이가 있는데, 동재는 양반 기숙사이며, 서재는 양인들 기숙사다.

전주향교는 한옥마을 가장자리, 오목대와 이목대 밑자락 기린로 변에 있다. 설립 연대를 확실하게 알 수는 없으나, 고려 공민왕 3년(1354)에 세워진 것으로 추정되며, 원래의 위치는 풍남동(경기전 북편)에 있었다.

서거정의 『부학기』에 의하면, 원래 향교가 치소 내에 있었는데, 경기전이 들어선 뒤 향교와 진전이 너무 가까워서, 유생들 글 읽는 소리와 회초리 소리 때문에 태조 영령이 편히 쉴 수 없다 하여 향교를 성의 서쪽 6, 7리 되는 곳으로 옮겼다. 이때 향교가 옮겨 간 곳이 지금의 화산 신흥학교 부근이다. 부지가 너무 넓고, 부중에서 멀리 떨어져 있어서 도둑이나 호랑이로부터 화를 입을까 염려하여 담장을 높이 둘렀다고 하니, 당시의 전주부의 규모가 짐작 간다.

임진왜란이 끝나고 선조 36년(1603) 좌묘우사(左廟右社), 즉 객사에서 남면하여 좌측에 문묘(공자의 사당), 우측에 사직단(社稷壇)을 배치했는데, 옛 법도에 어긋난다 하여 부성 밖 동편인 지금의 자리로 이전하였다. 아마도

1597년 정유재란 때 전주성이 왜군에게 점령되는데, 이때 향교가 소실되어 중건하면서 법도에 맞게 옮긴 것이 아닌가 한다.

전주향교는 평지에 위치해 전묘후학의 구조이다. 즉 공자를 모신 문묘 배향 공간이 앞에 있고 강학 공간 명륜당 영역이 뒤에 있다. 전주향교는 큰 향교여서 공자를 비롯하여 5성의 부친 위패를 모신 계성사(啓聖祠)가 명륜당 서편에 자리하고 있다. 본래는 계성사가 향교 동편에 있었는데, 1929년 철도가 건설되면서 현위치로 옮긴 것이다.

장판각(藏版閣) 또한 지금은 명륜당 서편에 있지만, 원래는 명륜당 동편에 있었다. 도로가 나면서 현재의 자리로 이건하였다. 여기에 보관했던 전라감영 목판이 현재도 5,059장이 남아 전북대박물관에 위탁 보관되어 있다. 조선 말 전라감사 조한국이 여기저기 흩어져 관리가 안 되는 감영 책판을 모아 향교에 보관하게 하였다. 향교 전면의 만화루(萬化樓)도 본래는 지금과 달리 전주천변에 있었다.

현재의 전주향교는 1987년 대대적으로 보수하였다. 이때 대성전과 동서무

**전주향교 명륜당**

를 완전 해체 복원하였고, 명륜당, 동서재, 계성사 등을 중보수하고, 지경문을 철거한 자리에 없어졌던 만화루를 다시 건립하였다. 장판각도 이때 새로 건립한 것이다. 전주향교 주변에는 향교의 교육 기능을 보완하는 사마재와 양사재가 위치하고 있다.

전북 전주시 완산구 향교길 145-20(교동)

**사마재** 司馬齋

향교 동편 담 너머 골목 맞은편에는 사마재가 있다. 사마재는 사마시(생원 진사시, 소과)에 합격한 생원 진사들이 모여 학문도 논하고 정치도 논하던 곳이다. 본래는 부성에서 4리 떨어져 화산 자락에 있었다. 그러다가 현재의 향교 동편으로 이건하였다. 조선 후기 향교가 화산에서 현재 교동 자리로 옮겨 올 때의 일로 추정된다. 그 후 다시 향교 서편으로 사마재를 옮겼다. 1872년경 지도에 향교 서편에 사마재가 보인다.

전북 전주시 완산구 향교길 145-20(전주향교 옆)

**사마재**

양사재

가람 이병기 선생이 묵은 방

### 양사재 養士齋

한옥마을에 있다. 향교 뒤편으로 오목대사우(梧木臺祠宇)가 있던 자리이다. 본래는 전주부성 안 감영 뒤편에 있었는데, 건물이 퇴락해 전주판관 김계진이 1865년(고종2) 이곳으로 옮겨 개건하였다. 조선 말 신교육이 실시되었을 때, 전주에서 가장 오래된 전주초등학교가 1897년 이곳 전주향교의 양사재를 빌려 개교하였다.

양사재는 시조시인이자 국문학자인 가람 이병기 선생이 전북대 문리대학장으로 근무하던 1951년부터 1956년 사이에 기거했던 곳이다. 양사재에 기거하면서 은행나무 앞길로 해서 전북대를 갔다고 한다. 일제강점기 조선어학회 사건으로 옥고를 치르고 1990년 독립유공자(건국훈장 애국장)에 추서되었다.

전북 전주시 완산구 오목대길 40(교동)

### 박진 효자비 朴晉孝子碑 | 전주시 향토문화유산 제5호

조선 초 전주 사람 박진의 효를 기리는 정려로 전주향교 만화루 우편(동

**박진 효자비** | 1724년(경종4)

편)에 있다. 전주에서 가장 오래된 정려로 본래는 이 위치가 아니었는데 옮겨 왔다. 누각에 '효자군수박진지려'라고 새긴 비와 현판 2개가 있다. 이 효자비는 태조 7년에 처음 건립되었으며, 1724년에 중각된 것으로 생각된다.

『완산지』에 그의 효행이 전하는데, 아버지가 병이 들자 벼슬을 버리고 집에 돌아가 시중을 들었다. 낮에는 아버지 곁을 떠나지 않았으며, 밤에도 허리띠를 풀지 않았다. 태조 7년(1398)에 정려를 내렸으며, 벼슬이 지군사에 올랐다. 그의 효행을 기록한 『죽정공효행록』이 전해지고 있다.

전북 전주시 완산구 향교길 145-20(전주향교 앞)

### 희현당 希顯堂

향교와 유사한 일종의 관립 형태로 1701년(숙종27) 전라감사 김시걸(金時傑)이 세운 학교이다. 희현당은 공교육 활성화를 위해 전라감영에서 운영한 학교라고 할 수 있다. 전주 중화산동 신흥학교 교정에는 희현당 사적비와 희현당 중수 사적비가 나란히 서 있다.

희현당은 1701년 전라감사 김시걸이 감영에 비축해 놓은 수천 냥을 할애하여 향교가 옮겨 간 옛 사마재 터에 건립하였다. 지금의 전주시 중화산동 신흥학교 일원으로 임진왜란 후 향교가 옮겨 가고 난 터이다.

희현당이라는 이름은 '희현희성(希顯希聖)'으로 성인이 되고 현인이 되기를 바란다는 뜻의 '희(希)' 자와, 입신양명(立身揚名)하여 '이현기부모(以顯其父母)'하라는, 즉 출세하여 부모의 이름을 드러낸다는 뜻의 '현(顯)' 자를 취한 것이다.

희현당 학사는 가운데 대청이 4칸, 양옆 곁채가 6칸이었던 것으로 보이며, 대청은 공부하는 강당, 곁채 방은 숙사로 쓰였던 것으로 생각된다. 그리고 학사 좌우에 창고와 공청(供廳)이 배치되었으며, 이를 둘러싸고 담장이 높고 크며 네모난 모양으로 쳐졌던 것으로 보인다.

희현당은 건립 후 오래되지 않아 건물이 퇴락하는 등 학사로서 기능을 수

행할 수 없게 되었다. 이에 1715년(숙종41) 전라감사로 부임한 이집이 희현당을 중수하고자 하였으나, 병으로 교체되어 뜻을 이루지 못하였다. 그러다가 그 손자 이주진이 1738년(영조14) 전라관찰사로 부임해 와서 봉록을 희사해 학사(學舍)를 넓히는 등 희현당을 중수하고 운영비를 조달하였다.

희현당은 전라도 내 4도회(都會)에서 우수한 성적을 낸 유생들을 선발해 공부시켰으며, 유생들 식비 등 학사 운영비는 감영 재정으로 논을 사들여 둔전을 설치해 마련하였다. 또한 여종 2명을 두어 식사 등 부엌일을 보게 하였다. 희현당을 중수한 전라감사 이주진은 학장을 겸하고, 별도로 내감(內監)을 선정해 학사를 운영하였으며, 학생 선발 등 학칙 40여 조목을 마련하였다. 희현당에는 장의(掌議) 1명과 유사(有司) 2명이 있었다.

희현당에서는 또한 책을 출간하였다. 『박공증이조참판충절록(朴公贈李朝參判忠節錄)』을 순조 23년(1823) 희현당에서 출간하였으며, 『난곡선생년

**희현당 사적비** | 1707년(숙종33)

**희현당 중수 사적비** | 1743년(영조19)

보(蘭谷先生年譜)』를 고종 13년(1876) 희현당 활자로 인출하였다. 난곡 선생은 희현당을 중수한 전라감사 이주진이다. 이외에도 많은 책들이 희현당에서, 혹은 희현당 철자로 명명된 활자로 출간되었다.

전라감영에서 건립하여 관학 성격을 띠었던 전주 희현당은 『전주부사』(1943)에 의하면 1896년(건양 원년)경에 폐교되었으며, 그 건물은 남아 1906년 신흥학교 창건 시에 일시적으로 사용되었다.

전북 전주시 완산구 서원로 399(신흥고등학교 내)

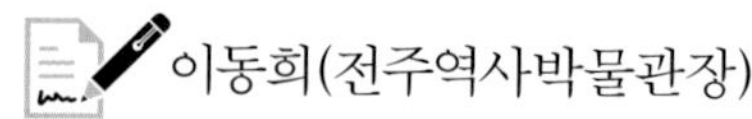
이동희(전주역사박물관장)

## 답사 코스

전주향교(사마재) → 전주동헌 → 장현식 고택 → 박진 효자비 → 양사재 → 희현당

2장

# 화산서원과 전주의 서원

## 개요

조선시대 서원은 선현(先賢)에 대한 제사를 지내는 향사(享祀)의 기능과 유학자를 교육하는 교육의 기능 그리고 전적(典籍)을 비치하고 편찬하는 도서관의 기능을 가진 사립 교육기관이다. 최초의 서원은 1543년(중종38)에 풍기군수 주세붕이 세운 백운동서원이다. 그러나 이 서원은 고려시대의 명유 안향(安珦)을 제사 지내는 사묘(祀廟)의 부수적인 존재에 불과하였다. 그 후 서원제가 확립된 것은 명종 초 이황(李滉)에 의해서였다. 이황은 서원을 사림의 강학과 교학 기구로 규정하면서 서원의 건립과 보급에 주력하였다. 그 결과 지방의 유력 양반들 사이에서 서원의 건립이 유행하여 선조대에는 사액서원(賜額書院)이 무려 100여 개가 넘었다. 그 후 관학의 부진과 지방 교육의 필요성이 증가하면서 서원의 건립이 확산되어, 숙종대에 서원이 전국에 577개소에 이를 정도로 많이 건립되었다. 이에 숙종은 서원의 남설(濫設)을 금지하는 조치를 내렸으나 한 도에 서원이 80~90개에 달할 정도로 무분별하게 건립되는 현상이 나타났다. 이에 따라 흥선대원군은 1868년 서원철폐령을 내려 전국에 47개의 서원만 남겨 놓고 모두 철폐하였다.

한편 사우는 서원보다 훨씬 빠른 삼국시대에 발생하였으며, 고려 말 주자학이 전래되면서 민간의 가묘(家廟) 형태로 본격적으로 건립되었다. 이 사우와 서원은 원래 설립 목적이 달랐다. 즉 사우는 사현(祀賢)과 풍화만을 목적으로 건립된 제향(祭享)의 장소였으며, 서원은 인재의 양성과 사문(斯文)의 진흥을 목적으로 건립된 강학(講學)의 장소였다. 그러나 서원과 사우의 설립 목적은 17, 18세기경에 이르면서 양자간의 구분이 없어져 버렸다. 그 이유는 인재 양성의 교육 목적이 1차적이었던 서원이 16세기경부터 점차 사우의 기능을 흡수하게 되고, 사우에도 강학의 기능이 추가되었기 때문이었다. 그리하여 지방의 양반들이 가문의 사사로운 영예를 드러내기 위해 인물 위주의 사현을 위한 서원과 사우를 많이 남설하였다.

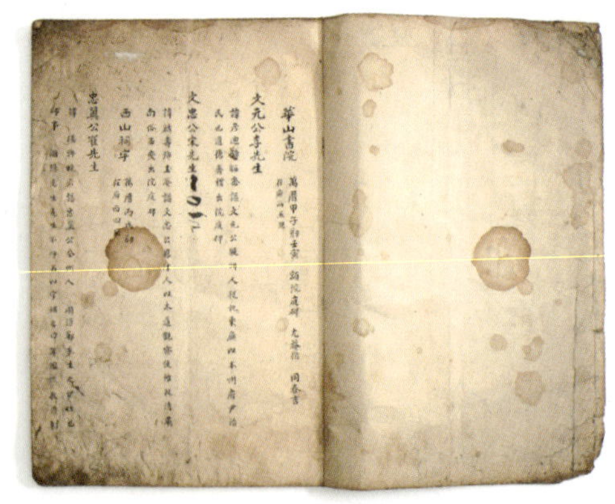

**전주서원사우사적록** | 조선시대 | 전주역사박물관 소장

『전북원우록』에 의하면 전북 지방 최초의 서원·사우는 1401년(태종1)에 건립된 순창의 예산사이다. 그 후 전북 지방에는 많은 서원과 사우가 걸립되어 대원군의 서원철폐령 이전까지 133개소의 서원·사우가 존재하였다. 그러나 서원철폐령으로 정읍의 무성서원만이 남고 나머지 서원은 모두 헐렸다가 후에 복설되기도 하였다. 기록상 남아 있는 전주와 완주 지역의 서원·사우는 서산서원, 화산서원, 용강서원, 황강서원, 반곡서원, 청하서원, 오대사, 인봉사, 예산사 등 23개소가 있었다. 그 중 화산서원만이 유일하게 사액(賜額)을 받은 사액서원(賜額書院)이다.

## 화산서원비 華山書院碑 | 전라북도문화재자료 제4호

전주시 완산구 중화산동 화산서원의 터에 남아 있는 비석이다. 화산서원은 1578년(선조11) 전주 지방 유림들에 의해 건립되었다.(『전북원우록』에는 1624년 창건, 1662년 사액으로 기록되어 있음) 이곳에는 조선 전기의 학자인 이언적(李彦迪)과 송인수(宋麟壽)의 위패를 모셨다. 특히 이언적은 전주부윤

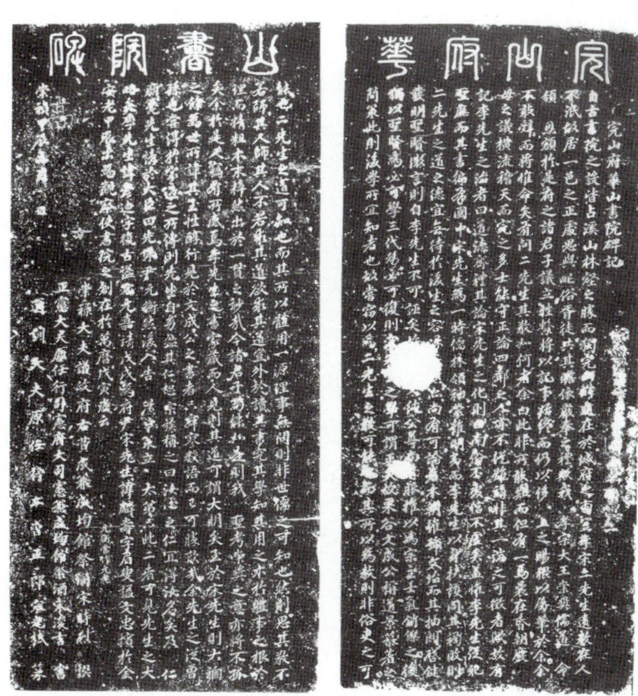

完山府華山書院碑記

**화산서원비와 탁본**(『전라북도 금석문대계』) | 1664년(현종5)

으로서 도덕과 예절로 백성들의 교화에 힘썼으며, 송인수는 전라감사로서 청렴한 정치를 펼치는 등 이 지역과 인연이 깊었다. 화산서원은 1658년(효종9)에 사액서원이 되어 선현 배향과 지방 교육의 일익을 담당하였다. 1869년(고종6) 대원군의 서원철폐령으로 헐렸다. 그 후 1994년 전북 지방 유림의 발의와 옥천 육씨의 협조로 완주군 소양면 신월리에 이건하였으며, 이때 육대춘(陸大春)을 추가로 배향하였다. 화산서원의 옛터에는 원정비(院庭碑)가 남아 있는데, 이것이 바로 화산서원비이다. 이 비는 조선시대 대학자인 송시열(宋時烈)이 글을 짓고, 송준길(宋浚吉)이 글씨를 썼다. 1984년 전라북도 지방유형문화재 자료 제4호로 지정되었다.

전라북도 전주시 완산구 중화산동 산 33–2

### 반곡서원 盤谷書院 | 전라북도문화재자료 제11호

전주시 완산구 동서학동에 위치하고 있다. 이 서원은 1777년(정조1) 전주 지방 유림들이 윤황(尹煌)·이영선(李榮先)·서필원(徐必遠)의 학문과 덕행을 추모하기 위해 건립하여 위패를 모셨다. 특히 윤황은 조선시대 학자로 병자호란 때 끝까지 싸울 것을 주장하는 상소를 올린 인물이며, 글씨에도 능해 당대의 명필로 이름을 드높였다고 한다. 또한 그는 인조대에는 전주부윤으로 재임하였다. 반곡서원은 선현 배향과 지방 교육의 일익을 담당하여 오다가 1868년(고종5)에 대원군의 서원철폐령으로 헐렸다 1878년 다시 지어졌다. 1898에 강당을 세워 학생들을 교육하였으며, 그 뒤 제단을 마련하여 향사(享祀)를 지내 왔다. 1938년에 복원하고 1950년대 이후 네 차례의 보수공사를 하였다. 경내의 건물로는 사우(祠宇), 앙지문(仰止門), 모현당(慕賢堂), 경행문(景行門) 등이 있다. 1984년 전라북도 문화재자료 제11호로 지정되었다.

전라북도 전주시 완산구 동서학동 2가 210

**용강서원** | 1900년 재건

## 용강서원 龍岡書院

전주시 덕진구 원동에 있는 서원이다. 1603년(선조36)에 전주 지방 유림의 발의로 유의손 등의 학문과 덕행을 추모하기 위해 황강원을 건립하여 위패를 모셨다. 1741년(영조17)에 훼철되었다가 1795년(정조19)에 용강원으로 다시 건립되었다. 선현 배향과 지방 교육의 일익을 담당하여 오던 중 대원군의 서원철폐령으로 1868년(고종5)에 헐렸으며, 1900년에 유림들이 재건하여 용강서원이라 개칭하고 강당을 복원하였다. 1923년 사당 등을 중건하였으며, 1995년 서원을 중수(重修)하였다. 경내의 건물로는 사당과 강당 등이 있다. 사당에는 유의손을 주벽(主壁)으로 좌우에 유분·유숭조·유헌·송진문·유경수·송은서 등 7인의 위패가 봉안되어 있다. 강당은 원내의 여러 행사와 유림의 회합 및 학문 강론 장소 등으로 사용되고 있다.

전라북도 전주시 덕진구 원동회룡길 53-2(원동)

**청하서원** | 1968년 중건

## 청하서원 淸河書院

전주시 완산구 중인동 모악산 기슭에 있는 서원이다. 건립 연대는 정확히 알 수 없다. 지방 유림의 공의로 박동현(朴東顯)·박동립(朴東立)·유조(柳組)의 학문과 덕행을 추모하기 위해 건립하여 위패를 모셨다. 선현 배향과 지방 교육의 일익을 담당하여 오던 중 1868년(고종5)에 대원군의 서원철폐령으로 헐렸다. 1968년 중건하여 김장생(金長生)을 주벽으로 추가 봉안하였다. 경내의 건물로는 사우(祠宇), 내신문(內神門), 강당, 고사(雇舍), 홍살문(紅箭門) 등이 있다.

전북 전주시 완산구 중인1길 272(중인동)

## 황강서원 黃崗書院 | 전주시문화재자료 제12호

전주시 완산구 효자동 마전에 있는 서원이다. 1603년(선조36) 전주 지방

**황강서원** | 1957년 중건

유림의 공의로 이문정(李文挺)·이백유(李伯由)·이경동(李瓊仝)·이목(李穆)의 학문과 덕행을 추모하기 위해 완산부의 남쪽 곤지산 아래에 창건하여 위패를 모셨다. 임진왜란 때에 불에 타서 없어졌다가 1782년(정조6) 이문정이 옛날에 거주하던 유허지인 마전리로 이건하였다. 1869년(고종6) 대원군의 서원철폐령으로 헐렸다가 1898년(광무2) 복설되었으며, 1957년 전주 지방 유림들에 의해 중건되었다. 이 서원에는 현재 이문정·이백유·이경동·이목·이덕린·유인홍·강해우를 배향하고 있다. 경내의 건물로는 사우, 강당과 고사(雇舍)·신문(神門)·대문 등이 있다. 이 서원은 전라북도 문화재자료 제12호로 지정되어 있다. 황강서원의 뒤편 언덕 위에는 문학대(文學臺)가 자리 잡고 있다. 이곳은 황강(黃岡) 이문정이 고려 말에 불교의 폐해를 바로잡을 것을 상소하였으나 받아들여지지 않자, 1357년(공민왕6)에 낙향하여 성리학을 강론하고 후학 양성에 전념하면서 여생을 보낸 곳이다. 문학대는 임진왜란 때 불타 버려 집터만 남아 있었으나, 1824년(순조24)에 후손들이 중건하였다. 전라북도기념물 제24호로 지정되어 있다. 이곳에서 멀지 않은 삼천천변에 그의 후손인 이경동이 고향으로 돌아와 여생을 보낸 추천대(楸川臺)가 위치하고 있다.

전라북도 전주시 완산구 황강서원5길 8-9(효자동 3가)

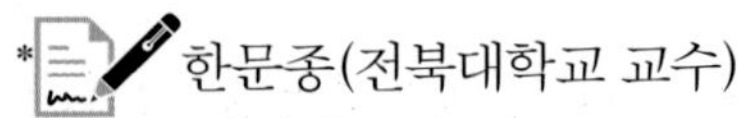
*한문종(전북대학교 교수)

**답사 코스**

황강서원 → 화산서원 → 반곡서원 → 청하서원 → 용강서원

# 제5편

# 종교유적

1장_전주에 뿌려진 천주교인의 성혈

2장_전주에서 만개한 기독교

3장_경복사와 불교 유적

1장

# 전주에 뿌려진 천주교인의 성혈

## 개요

요즈음 전통문화 중심도시 전주에는 남녀노소 국내외를 불문한 수많은 관광객들이 몰려들고 있으며 한옥마을에는 알록달록한 한복을 곱게 입은 인파들로 북적인다. 전주를 찾는 많은 이들은 전주의 맛과 멋 그리고 소리와 풍류를 한껏 즐기고 누린다. 그런데 온고을 전주는 맛과 멋 그리고 소리의 고장일 뿐만 아니라 물질문명과 돈에 얽매여 살아가는 우리에게 삶의 참된 의미를 되새기게 해 주는 정신의 숨결이 맺힌 땅이기도 하다.

서해와 나란히 드러누운 너른 들녘과 남도의 하늘을 떠받치는 지리산이 우뚝 솟은 이 땅 전라북도는 우리나라 종교문화의 시원지이며, 그 중심에 바로 전주가 있다. 이 터는 한과 설움에 맺힌 민중에게 밝은 내일을 약속하던 희망의 땅이었다. 천년 세월을 뛰어넘어 새롭게 우리에게 다가온 미륵사지 오층석탑으로 대표되는 미륵불교의 중심지가 이 땅이었다. 경주 용담에서 시작된 동학이 혁명의 불길로 타오른 곳도 이 땅이었다. 기독교가 처음 들어와 널리 퍼져 나간 중심에도 이 땅이 자리하고 있다. 200여 년 전에 거룩한 피를 하느님에게 바친 천주교 순교자의 영혼이 서린 곳도 바로 이 땅이다.

전주와 이웃 완주에 자리한 대표적인 천주교 유적지로는 초남이성지, 치명자산성지, 전동성당, 숲정이성지, 초록바위, 서천교, 천호성지가 있다. 초남이성지는 '호남의 사도' 유항검(아우구스티노)이 태어나고 자란 곳이며, 동정부부 유중철(요한)과 이순이(루갈다)가 4년을 오누이처럼 지내며 믿음살이를 하던 곳이다. 숲정이성지, 초록바위, 서천교, 천호성지는 이 땅의 많은 천주교 신자들이 자신의 신앙을 지키기 위해 목숨을 바친 순교 터이다. 한옥마을 안에 우뚝 솟은 100년 역사의 전동성당은 한국 천주교 순교의 일 번지를 기리기 위해 세워진 아름다운 성당이다.

### 초남이성지

전라북도 완주군 이서면에 위치한 초남이성지는 '호남의 사도'라고 불리는 유항검이 태어나고 자란 곳이다. 호남에서 최초로 천주교 신앙을 받아들인 유항검은 초남이를 거점으로 전라도 지역에 천주교를 전파하였다. 1801년 신유박해로 폐허가 된 후 1985년 성지 위치를 확인하였고, 2000년부터 성지를 조성하였다. 1756년 양반 집안에서 태어난 유항검은 1784년 한국 천주교회가 창설된 직후에 천주교 교리를 배워 입교하여, 전라도 지역 최초의 신자가 되었다. 초남이성지는 동정부부 유중철과 이순이가 믿음살이를 하던 곳으로도 유명하다. 1795년 주문모 신부로부터 각기 서울과 전주에서 성체성사

초남이성지

를 받은 두 사람은 1797년 결혼하여 동정을 맹세하였다. 두 사람은 몇 차례의 유혹을 굳건한 믿음으로 극복하면서 동정을 지킨 채 4년을 오누이처럼 지내다가 순교하였다.

1801년 신유박해가 일어났다. 유항검은 동생 유관검과 함께 능지처참형으로 순교하였다. 목은 잘리고 사지는 찢겨졌다. 그리고 목은 풍남문의 누각에 매달려 효시되었다. 때는 1801년 9월 17일이었고, 그의 나이 47세였다. 가족들 가운데 유중철과 유문석 두 아들은 10월 9일에 전주 감옥에서 교수형으로 순교하였고, 유항검의 처 신희, 유관검의 처 이육희, 며느리 이순이, 조카 유중성은 12월 28일 전주 숲정이에서 참수형으로 순교하였다. 유항검의 재산은 몰수되고 그의 집은 허물렸으며 집터는 파헤쳐져 연못이 되었다. 대역부도 죄인이라 하여 버려진 유항검과 그 가족의 시신은 노복들의 노력으로 겨우 수습되어, 초남이에서 1.5㎞ 정도 떨어진 바우배기에 안장되었다.

전북 완주군 이서면 초남신기길 125-5

## 천호성지 天呼聖址

150여 년 전통을 가진 교우촌인 천호 공소의 천호산 기슭에 있다. 이곳에는 1866년 병인박해 때 전주 숲정이에서 순교한 여섯 성인 중 이명서(베드로), 손선지(베드로), 정문호(바르톨로메오), 한재권(요셉)과 1866년 8월 28일 충청도 공주에서 순교한 김영오(아우구스티노), 그리고 1868년 여산에서 순교한 열 명의 순교자가 묻혀 있다. 이 밖에도 이름을 알 수 없는 수많은 순교자들이 묻혀 있다. 천호성지와 그 주변의 산은 본래 고홍 유씨 문중의 사유지였기에, 남의 땅에서 사는 신도들은 언제든 쫓겨날 처지였다. 1909년 되재 본당 목세영(베르몽) 신부와 12명의 신도들이 어렵사리 돈을 마련하여 150정보의 임야를 매입한 덕분에 공소 신도들은 생활 터전을 확보하게 되었고 순교자들의 묘소들도 보존할 수 있게 되었다. 그 후 1941년경 150정보 중에서 순교자들이 묻혀 있을 것으로 예상되는 땅 75정보를 교회에 봉헌했다. 이 땅을 봉헌한 사람들은 목세영 신부, 김여선, 이만보, 장정운, 김현구, 박준호, 민감룡, 송예용 등이다. 전주교구 호남교회사연구소는 1983년 5월, 천호산에 묻힌 순교자들의 유해 발굴 작업을 하여 현재의 위치에서 그동안 알려지지 않았던 정문호와 한재권의 유해, 그리고 1868년 여산에서 치명한 후 합동으로 묻혀 있던 여덟 분의 유해와 천호산 기슭에서 두 분의 유해를 발굴하였다. 전주교구는 1984년부터 천호성지를 개발하여 1985년 11월 30일 자치교구 설정 50주년 기념 선포일에 맞추어 성지를 축성하였고, 50주년 기념의 해인 1987년에는 전주교구민들이 선조들의 순교 정신을 이어받기 위한 신앙의 수련장으로 피정의 집을 세웠다. 천호성지는 주위의 아름다운 자연환경이 빼어나고 거룩한 피를 흘린 순교자의 묘역이 자리한 경건한 땅이다. 뿐만 아니라 박해시대 믿음살이의 원형을 보여 주는 교우촌의 옛터가 고스란히 남아 있어 오늘날 참된 신앙의 길을 찾으려는 수많은 순례객의 발길이 끊이지 않는 곳으로 거듭나고 있다.

### 숲정이성지

숲정이는 숲이 울창하게 우거져 '숲정이' 혹은 '숲머리'라고도 불렸다. 조선시대 군사시설인 장대(將臺)가 있던 곳으로 외지고 한적하여 중죄인의 처형장으로 이용되었다. 1801년 신유박해 때 유항검 가족이 바로 이곳에서 처음으로 처형되면서부터 순교의 터가 되었다. 1839년에는 신태보(베드로), 김대권(베드로), 이일언(욥), 정태봉(바오로), 이태권(베드로) 등 5명이 순교하였고, 1866년 병인박해 때는 정문호(바르톨로메오), 손선지(베드로), 한재권(요셉), 조화서(베드로), 이명서(베드로), 정원지(베드로) 등이 순교하였다. 1867년에는 김사집(필립보)을 비롯한 수많은 이들이 이곳에서 순교하였

숲정이성지

다. 이명서 성인의 손자 이준명(아나돌)이 처음으로 땅을 마련한 뒤, 1935년에 '천주교인이 순교한 땅(天主教人殉教之地)'이라고 새긴 기념비를 세웠다. 숲정이 순교성지에는 훗날 천주교인들이 해성중·고등학교를 설립하였는데 1992년 학교가 전주시 삼천동으로 이전하게 되었으며, 당시 사용하던 체육관을 '윤호관'으로 개조하고 주변을 성지로 조성하였다. 윤호관은 18세의 나이로 전주 서천교에서 순교한 조윤호(요셉)의 이름을 따서 지은 것이다.

전북 전주시 덕진구 숲정이로 30(진북동)

## 서천교 西川橋

전주천에 자리한 서천교는 1866년 병인박해 때 조윤호가 순교한 곳이다. 1848년에 충청도 신창에서 태어난 조윤호는 1866년 12월 4일 밤 아버지 조화서와 함께 체포되었다. 당시 형법은 삼강오륜을 존중한다는 명분으로 부자나 형제를 한날, 같은 장소에서, 똑같은 칼로 처형을 할 수 없었다. 조화서가 처형된 다음 장날, 조윤호는 천주교를 배반하라는 숱한 회유를 거부하고 자신의 믿음을 굳건히 지키며 이곳에서 순교하였다. 조화서를 칼로 처형하였기 때문에 조윤호는 칼이 아닌 매로 때려죽이려 했다. 군인들은 힘이 들어 번갈아 매를 쳐댔으나, 조윤호는 조금도 흐트러짐 없이 성호를 그으며 환한 얼굴로 매를 맞았다. 200여 대를 치고 난 후 조윤호의 몸이 움직이지 않자 군인들은 그가 죽은 줄 알고 확인했더니 혼수상태였다. 매질을 하던 군인은 조윤호의 목에 밧줄을 감고는 거지들을 붙들어다가 양쪽에서 잡아당기도록 하고 다시 매질을 하여 죽였다. 때는 1866년 12월 18일, 그의 나이 18세였다.

Ⓐ 전북 전주시 완산구 동완산동 일대

## 초록바위

전주천 싸전다리 옆에 위치한 초록바위는 1866년 병인박해 때 새남터에서

초록바위(좌측 옹벽)

순교한 남종삼(요한)의 큰아들 남명희와 홍봉주(토마스)의 아들이 강물에 빠뜨려져 처형된 곳이다. 남종삼이 처형되고 난 후 아버지 남상교와 큰아들 남명희는 공주감영으로 이송되었는데, 할아버지와 손자를 한 감옥에 가두지 않는다는 국법에 따라 14세였던 남명희는 전주감영으로 이송되었다. 남명희와 동갑나기인 홍봉주의 아들(성명 미상)도 법정 연령인 15세 미만이라 사형을 집행할 수 없었다. 어린 나이의 사형수를 가엽게 여긴 전라감사가 "너마저 죽으면 네 집안은 대가 끊기게 되니 배교하고 풀려 나가 새 삶을 찾으라."라며 숱하게 회유했음에도 불구하고 두 소년은 천주를 향한 자신의 믿음을 결코 꺾지 않았다. 마침내 두 소년은 성년(15세)이 된 이듬해 이곳 전주천 옆의 초록바위 아래 강물로 떠밀려져 순교하였다.

### 전동성당 殿洞聖堂

100년 역사를 자랑하는 전동성당은 한옥마을을 대표하는 명소 가운데 하나이다. 이곳은 1791년 신해박해 때 윤지충(바오로), 권상연(야고보)이 한국 천주교회 최초로 순교한 터이다. 1801년 신유박해 때는 유항검을 비롯한 전라도 천주교회의 지도자급 인물들이 목숨을 바친 곳이다. 박해를 받던 조선 천주교회는 1886년 조·불조약 체결 이후 마침내 신앙의 자유를 얻게 되었다. 1889년 봄, 전동성당 초대 주임신부로 프랑스인 보두네 신부가 부임하여 본당이 설립되었다. 보두네 신부와 신자들은 성당 지을 곳을 찾으면서 처음에는 오목대에 성당을 지으려 했으나 이런저런 반발에 부딪쳐 현재의 장소로 정하였다. 프와넬 신부가 로마네스크 양식으로 설계한 전동성당은 1908년에 기공식을 가졌으며, 7년 만인 1914년에야 우여곡절 끝에 외형 공사를 마쳤다. 성당 건립 공사는 중국 기술자들이 맡았다. 중국인 인부 100여 명이 벽돌을 직접 구워서 썼고, 주춧돌은 1909년 7월 전주부의 허가를 얻어 남문 밖 성벽의 돌을 가져다 썼다. 풍남문 밖에서 이루어졌던 천주교 신자들의 순교 장

**전동성당** | 일제강점기 | 전주역사박물관 소장 사진엽서

면을 지켜보았던 그 성곽의 돌들이 성당 건립의 주춧돌로 사용된 것이다. 그 후 모든 시설을 완비하고 축성식을 가진 것은 1931년으로, 완공하기까지 23년이 걸린 대역사였다. 오늘날 전동성당은 동양과 서양, 전통과 현대가 아름답게 어우러진 상징이다. 박해의 주체였던 조선왕조 상징인 경기전과 정면으로 맞서지도 않고 등지지도 않은 채 마주하고 있는 전동성당은, 우리에게 상생과 화해의 참된 의미를 일깨우며 어머님 품처럼 따스하게 자리 잡고 있다.

전북 전주시 완산구 태조로 51(전동)

## 치명자산성지 致命者山 聖地

전주 승암산에 위치해 있으며, 유항검과 그의 가족들의 유해가 묻혀 있다. 이 산은 예부터 '승암산(중바위산)'이라 불렸는데, 산꼭대기에 천주교 순교자들이 묻힌 이후로는 '치명자산'으로 널리 알려졌다. 여기서 '치명(致命)'은 '목숨을 바친다'는 뜻으로서 '순교'와 같은 의미이다. 따라서 '치명자산'이란 '순교자의 산'이라는 뜻이다. 치명자산 성지 터를 처음 구입한 사람은 보두네 신부이다. 1908년 전동성당 건축에 필요한 목재를 구하기 위하여 승암산 일부를 매입하였다. 전동성당 외관 공사가 거의 끝나 가는 1914년 봄, 보두네 신부는 유항검 일가의 유해가 바우배기에 묻혔다는 이야기를 듣고 신자들과 직접 가서 확인하였다. 무덤 안에는 물이 고여 있었지만, 사기 접시에 각자의 이름이 적혀 있었다. 먹 글씨로 연고자를 적은 사기 접시는 숯을 넣은 채 각자의 가슴 부위에 놓여 있었다. 보두네 신부는 유해를 옹기 단지에 넣었으며 이때에도 각각의 이름을 써서 담았다. 그리고 1914년 4월 19일 현재의 자리에 이

**유항검 가족 7인의 순교자 무덤**

치명자산성지 순교자 묘비

장하였다. 이곳에 묻힌 이들은 유항검, 신희, 이육희, 유중철, 유문석, 이순이, 유중성 일곱 분이다. '호남의 사도' 유항검과 '동정부부'의 유중철과 이순이 등이 묻힌 이 터는 오늘날 천주교 신자들이 반드시 순례해야 하는 거룩한 산이 되었다.

전북 전주시 완산구 바람쐬는길 89(대성동)

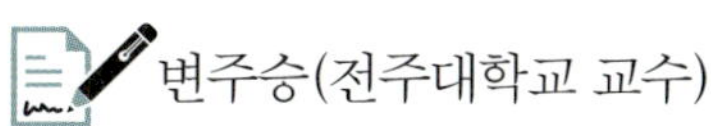
변주승(전주대학교 교수)

## 답사 코스

초남이성지 → 천호성지 → 숲정이성지 → 서천교 → 초록바위 → 전동성당 → 치명자산성지

2장

# 전주에서 만개한 기독교

## 개요

전주는 호남 지방 개신교회의 선교부가 자리했던 곳이다. 1892년에 한국에 파송된 미국 남장로교 선교사들은 먼저 한국에 진출한 북장로교 선교사들과 협의해 1893년 1월에 호남 지방 전체와 충청남도 일부 지역을 선교 구역으로 배정받았다. 그동안 서울에 머물며 한국말을 익히던 남장로교 선교사들은 전주에 선교부를 설치하기 위해 1893년에 레이놀즈 선교사의 어학 선생이자 비서인 정해원을 전주에 파견해 서문 밖 완산 자락의 은송리(현 완산동)에 초가집 한 채를 구입해 선교부의 거점을 확보했다.

이어 선교사를 잇달아 전주에 파견해 선교활동의 가능성을 확인한 남장로교 선교회는 1894년에 테이트 선교사와 그의 여동생 매티 테이트 선교사를 전주에 파견해 선교활동을 본격적으로 전개하기 시작하고 1905년에 선교사의 사택을 더 마련했다. 이어 1897년 3월 6일 선교사들이 모여서 정식으로 전주 선교부의 출범 예배를 드리고 7월 17일 5명에게 세례를 베푸는 역사적인 세례식을 거행했다. 또한 이때부터 맨 처음 구입한 은송리의 집을 예배당으로 전용하며 '전주교회'라 불렀다. 그리고 1899년에 전라 감사 이완용이 여러 이유를 들어 전주교회를 다른 곳으로 옮기도록 명령함에 따라 1900년 선교사들의 주택과 선교부를 화산으로 옮기고 예배당은 1905년 성 밖 서문 쪽으로 옮겨 '전주서문밖교회'라 불렀다.

한편 남장로교의 전주 선교부는 간접 선교의 방식인 교육 선교활동과 의료 선교활동을 초창기부터 아울러 전개해 일찍부터 전주에 근대적인 교육기관인 신흥학교와 기전여학교를 설립하고 근대적인 의료기관인 예수병원을 설립했다. 이에 따라 전주에는 미국 남장로교의 선교사들이 전개한 선교활동, 의료활동, 교육활동 등을 더듬어 볼 수 있는 문화유산이 적지 않게 보존되어 있다. 이러한 문화유산들을 차례로 소개하면 다음과 같다.

## 은송리교회 터

1893년 1월 호남 지방 전체와 충청남도 일부 지역을 선교 구역으로 배정받은 미국 남장로교 선교사들은 전주에 선교부를 설치하기 위해 어학 교사인 정해원을 전주에 파견했다. 1893년 6월 전주에 도착한 정해원은 완산칠봉 아래인 부남면 은송리 용머리고개 기슭에 선교사들이 거처할 초가집 한 채를 구입해 머물면서 신자들을 모아 예배를 드리기 시작했다. 그리해 이곳 은송리는 호남 지방 개신교회의 1번지가 되었다.

이어 전주에 상주할 선교사로 선정되어 1894년 3월 24일 전주에 내려온 테이트 선교사와 그의 여동생 매티 테이트 선교사는 은송리 초가집에 머물면서

은송리교회 터(추정)

전도를 시작했다. 그러나 얼마 안 있어 동학농민운동이 일어나자 서울로 철수했다가 1895년 11월 다시 전주로 내려와 상주하며 본격적으로 선교활동을 전개했다. 그 결과 1897년 7월 17일 세례를 받기 위해 준비해 온 6명 중 5명에 대한 역사적인 세례식이 거행되었다. 이때부터 1893년 구입한 은송리의 집을 예배당으로 전용하면서 '전주교회'라고 불렀다.

그런데 1899년 전라도 감사인 이완용이 완산은 전주의 주산이고 전주 이씨 시조 이한의 발상지이자 중시조 이안사의 본향이라는 이유로 은송리의 전주교회를 다른 곳으로 이전하도록 명령했다. 이에 선교사들은 은송리교회 서쪽 화산 일대를 대토로 받아 1899년부터 이전 공사를 시작해 1899년에 병원을, 1900년에 선교사들의 숙소와 선교부를 각각 화산으로 옮기고, 예배당은 1905년 성문 밖 서쪽 780평의 땅을 구입해 신축하고 이때부터 '전주서문밖교회'라 불렀다.

최근에 서문교회의 전신인 은송리의 전주교회가 자리했던 터를 확인해 사적지로 가꾸고 그 터의 내력을 밝힌 표지판을 설치해 찾는 이의 이해를 돕고 있다. 이러한 은송리 전주교회의 터는 좋은교회 아래쪽 완산구 서완산동 1가 165-5번지에 있다.

전북 전주시 완산구 서완산동 1가 165-5

## 서문교회 西門敎會

미국 남장로교 선교사들의 선교부 거점을 확보하기 위해 전주에 파견된 레이놀즈 선교사의 어학 선생이자 비서인 정해원은 1893년 6월 전주에 도착해 서문 밖 완산 아래 은송리의 초가집 한 채를 구입해 머물면서 신자들을 모아 예배를 드리기 시작했다. 서문교회는 바로 여기서 시작되었다. 1894년부터 테이트 선교사와 그 여동생 매티 테이트 선교사가 전주에 내려와 전도한 끝에 1897년 7월 17일 역사적인 세례식이 거행되었고, 이때부터 처음 구입한 은송

**서문교회 종탑** | 1908년

리의 집을 예배당으로 전용하면서 '전주교회'라 불렀다. 그리고 1899년 전라 감사 이완용의 요청에 따라 1900년 전주교회와 선교사 사택을 화산으로 옮기고 예배당은 1905년 성 밖 서문 쪽에 780평의 부지를 구입해 한식 기와를 얹은 건평 57평의 벽돌 건물을 신축해 '전주서문밖교회'라 불렀다. 이후 남문밖교회(1905), 중인교회(1907), 완산교회(1926) 등을 분립하며 발전을 거듭해 현재에 이르고 있다.

유서 깊은 서문교회에는 호남 지방 개신교의 내력을 더듬어 볼 수 있는 사적이 많이 간직되어 있다. 우선 서문교회는 1910년 4월에 레이놀즈 선교사가 최초로 구약성경을 한국어로 번역한 곳이다. 또한 교회 마당에 있는 여러 기념물 중 종각은 예배당 건축에 진력하다가 1908년 별세한 전킨 목사를 기리고자 그의 부인 메리 레이번이 미국에서 구입해 헌납한 종을 매달기 위해 1908년 12월 건립한 것이다. 현재 걸려 있는 종은 해방 뒤 국내에서 제작한 것이고, 원래의 종은 일제 때 군수물자로 압수당했다. 창립 50주년 기념탑은 1943년에 세운 것이고, 김인전 목사 기념비와 배은희 목사 기념비는 전주의 3·1운동을 주도한 뒤 상해로 망명해 임시정부에서 활동한 김인전 목사와 서문교회 3대 목사로 교회와 나라를 위해 헌신한 배은희 목사를 기리기 위해 1986년 다가공원에 세웠던 것을 최근에 교회 마당으로 이전한 것이다. 아울러 서문교회의 역사를 살펴볼 수 있는 자료집『사진으로 본 전주 서문교회 100년 1893~1993』을 1994년 간행했고, 이러한 각종 자료들을 두루 전시하고 있는 서문역사관도 마련되어 있다.

전북 전주시 완산구 전주천동로 220(다가동 3가)

## 신흥중 · 고등학교 新興中 · 高等學校

오늘날 신흥중고등학교는 1900년 9월 9일 해리슨 선교사가 완산 자락의 레이놀즈 선교사의 사랑채에서 김창국을 상대로 교육 선교를 펼치면서 시작되었다. 이어 1904년 화산의 해리슨 선교사 사택으로 학교를 옮겼으며, 1907년 3월 교육 전문가인 니스벳 선교사 부부가 파송되어 오면서 학교다운 면모를 갖추게 되었다. 1908년 학교의 이름을 '예수학교'에서 '신흥학교'로 바꾸었으며, 1909년 가을에 희현당 서원이 있던 자리에 2층으로 된 80평 규모의 벽돌건물을 건립했고, 1928년 리처드슨 여사의 후원으로 3층으로 된 475평 규모의 리처드슨 홀을 완공해 본관으로 사용했다. 그 뒤 1937년에 신사참배를 거부해 스스로 폐교했다가 1947년 다시 개교했으며, 이후 발전을 거듭해 오늘에 이르고 있다.

옛날 신흥학교 건물 가운데 1982년에 불타고 남은 리처드슨 홀(1928년 건축)의 현관(Porch)과 1936년 레이놀즈 목사가 건립한 강당 건물(Smith Auditorium)만이 보존되어 있는데, 이 두 건물은 2005년에 등록문화재 제172호로 지정되었다. 또한 신흥학교 학생들은 1919년 3·1운동과 1929년 광

**신사참배 거부로 신흥학교**(위)**와 기전여학교**(아래)**가 폐교된 후 서문교회로 예배드리러 가는 모습** | 1937년 | 전주서문교회 소장

주학생운동 때 만세운동을 주도하기도 하고 1980년 5월 27일 전두환 퇴진 등을 외치며 시위를 벌이기도 했는데, 3·1운동 참여를 기리는 기념비와 1980년 민주화운동을 기리는 오이칠정이 교정에 세워져 있다.

Ⓐ 전북 전주시 완산구 서원로 399(중화산동 1가)

### 옛 기전여자중·고등학교 紀全女子中·高等學校

기전여자중고등학교는 1900년 4월 매티 테이트 선교사가 화산에 있는 자신의 사택에서 6명의 여학생들을 상대로 교육 선교를 펼치면서 시작되었다. 1907년 2월에 교육 전문가인 랭킨 여선교사가 파송되어 오면서 학교다운 면모를 갖추게 되었다. 초대 교장인 메리 레이번이 남편 전킨의 건강 악화와 자녀 양육 문제 등으로 학교를 운영하기 어렵게 되자, 랭킨이 1908년 2대 교장으로 취임한 다음 같은 해 세상을 떠난 전킨 선교사를 기리기 위해 1909년에 학교의 이름을 '전주여학교'에서 '전킨을 기념하는 여학교'라는 뜻의 '기전여학교'로 바꾸고, 지금의 기전대학교 자리에 2층으로 된 벽돌 건물을 신축해 1910년 이전했다. 그 뒤 기전여학교는 1937년 신사참배를 거부해 자진 폐교했다가 해방 후 다시 개교했다. 이후 발전을 거듭하다가 2004년 학교를 서부 신시가지로 이전했다.

현재 기전대학이 자리하고 있는 옛 기전여자중고등학교에는 1955년, 1960년, 1965년에 각각 건립한 건물이 그대로 보존되어 있다. 아울러 교정에는 1912년 입국해 신흥학교 교장과 기전학교 교장을 역임한 인돈 선교사와 기전학교 교사로 활동한 그의 부인 인사례 여사의 공적을 기리기 위해 전주기전여자중고등학교사친회에서 1956년에 세운 비가 남아 있다. 그리고 1919년 3·1운동 때 기전여학교 학생들도 신흥학교 학생들과 함께 만세운동을 주도했다.

Ⓐ 전북 전주시 완산구 전주천서로 267(중화산동 1가, 기전대학)

## 구 예수병원(엠마오사랑병원)

예수병원은 의과대학에서 1년간 의술을 수학한 해리슨 목사가 1896년 11월 전주 선교에 합류해 서문 밖 완산 아래 은송리의 테이트 선교사 사랑채에 약방을 차리고 환자들을 돌보면서 시작되었다. 이어 의과대학을 졸업한 잉골드 여의사가 1897년 입국해 전주에 내려와 진료를 담당함에 따라 예수병원은 비로소 병원다운 면모를 갖추게 되었다.

1899년 전라감사 이완용의 요청에 따라 터전을 화산 언덕으로 옮긴 예수병원은 1902년 외래 진료소를 건립해 서양식 병원의 모습을 갖추고, 1912년 30병상의 벽돌집 병원을 확장 건축했으나, 1935년 화재로 소실되어 같은 해 40병상의 본관 건물을 재건축했다. 그 뒤 1937년 신사참배를 거부해 스스로 폐원했다가 1947년 다시 개원했다. 1949년 본관과 같은 양식으로 ㄷ자 모양의 건물을 신축해 간호학교의 교사와 기숙사로 사용했고, 1950년 본관의 오른쪽 부분을 증축했다. 세브란스의 전신인 광혜원에 이어 국내 두 번째 근

**예수병원과 선교사 사택** | 1898년경 | 예수병원 소장 | 사진 중앙의 한옥 건물이 예수병원이고 그 주변 건물은 선교사 사택이다.

대식 병원인 예수병원은 이후에도 발전을 거듭해 현재에 이르고 있다.

예수병원의 옛 건물 가운데 1935년에 새로 건축하고 1950년에 그 오른쪽 부분을 증축한 본관 건물과 1950년에 간호학교의 교사와 기숙사로 사용하기 위해 신축한 ㄷ자 모양의 건물 등이 오늘날 예수병원 건너편 화산 언덕에 보존되어 있다. 이러한 구 예수병원의 건물들은 1971년에 주인이 바뀌어 우석대학교 한방병원으로 사용되다가 1998년에 다시 주인이 바뀌어 오늘날 엠마오 사랑병원으로 사용되고 있지만, 외형에 큰 변화 없이 건축 당시의 용도 그대로 사용되고 있다. 본관의 오른쪽 모퉁이 돌과 증축한 부분의 오른쪽 모퉁이 돌에 '1935'와 '1950'이 새겨져 있고, ㄷ자 모양의 건물 오른쪽 모퉁이 돌에도 '1949'가 새겨져 있어 그 건물들의 건축과 증축 연도를 확인할 수 있다.

전북 전주시 완산구 서원로 402-35(중화산동 1가)

### 선교사의 묘역 宣教師墓域

현 예수병원 바로 건너편 화산 언덕에 선교사 묘역이 있다. 여기에는 한국에서 선교활동을 하다가 세상을 떠난 미국 남장로교의 선교사와 그 자녀 등 17명이 안장되어 있다. 그 중 데이비스 해리슨은 1892년에 입국한 7인의 선발대 중 한 사람으로 1896년부터 군산에서 선교활동을 하다가 1898년에 해리슨(하위렴) 목사와 결혼해 남편을 따라 전주에 와서 자신의 몸을 돌보지 않고 선교활동을 하던 중 위문하던 병자한테서 열병이 전염되어 1903년 41세로 별세했다. 윌리암 맥클리 전킨 또한 1892년에 입국한 7인의 선발대 중 한 사람으로 1896년부터 군산에 선교 지부를 설치하고 선교에 진력하다가 몸이 쇠약해져 전주로 옮겨 활동하던 중 폐렴에 걸려 1908년 43세로 별세했다. 그의 묘비 앞에 나란히 놓인 세 개의 작은 무덤은 그의 세 아들 시드니·프랜시스·조지의 것이다. 이들 5기의 묘는 원래 군산 구암동에 있었으나, 뒤에 그 땅이 팔리어 이곳으로 옮겨지게 되었다.

선교사 묘역

넬리 비 랭킨은 1907년 입국해 기전학교에 부임한 교육 전문가로, 1908년 2대 교장으로 취임해 비로소 학교다운 면모를 갖추었으나, 맹장염 수술 후 유증으로 1911년 32세의 젊은 나이로 세상을 떠났다. 그 밖에 프랭크 고울딩 켈러 예수병원장, 마티 잉골드 데이트 선교사의 딸, 윌리엄 에이치 클락 선교사의 아들, 윌리엄 에이 인돈 선교사의 딸 등도 이 묘역에 묻혀 있다. 그리고 한국인으로 유일하게 이 묘역에 묻혀 있는 예수병원 신경외과 과장 박영훈 장로는 북에 두고 온 가족들을 최후까지 애타게 기다리며 독신으로 지내다가 1972년 세상을 떠났다.

전북 전주시 완산구 중화산동 1가 14-5

## 예수병원 의학박물관

의료 선교활동을 선도해 온 예수병원은 호남 선교의 발자취와 근대 의학의

예수병원 의학박물관

역사를 고스란히 간직하고 있다. 이에 1998년 개원 100주년 기념으로 각종 자료를 모아 예수병원 역사 자료실이라는 명칭의 박물관을 개설했다. 이어 2009년 7월에 전라북도로부터 '예수병원 의학박물관'이란 이름으로 전문 박물관으로 허가받아 전국 민간 의료기관 중 최초로 박물관 등록을 마쳤다. 그리고 전시실을 리모델링해 2010년 3월 10일 개관했다.

설립자 마티 잉골드 여의사의 유품을 비롯해 2010년 당시 개원 118주년을 맞이한 예수병원을 기념하기 위해 지난 118년의 호남 선교와 예수병원의 발자취를 더듬어 볼 수 있는 역사 자료와 의학 및 의료 장비의 변천사를 살펴볼 수 있는 의학 자료를 전시했다. 박물관 도입부에는 개신교가 처음 우리나라에 전파되기 시작한 전래부터 초기 개신교의 의료선교, 미국 남장로교의 호남 선교, 한국 최초의 의료선교 병원인 예수병원의 탄생과 발전, 역대 병원장의 소개와 국내외 의료봉사와 선교활동의 모습을 주제별로 소개하고 예수병원과 관련된 자료들을 전시했다. 이어 의료 기기의 변천사를 엿볼 수 있는 현미경, 청진기 등 시대별 의료 기구, 내시경과 중형 장비 등을 비롯한 분야별 의료 기구, 그동안 출판된 책과 인쇄물 등을 차례로 전시했다. 전시한 자료들 가운데 잉골드의 진료 사진(1898), 방광 내시경과 요도 확장기(1930), 안과 수술 기구(1948), 종양 심부 치료 기록지(1955) 등 5점은 문화재청의 의료 분야 근대문화유산으로 지정되었다.

이처럼 예수병원의 역사를 두루 살펴볼 수 있는 예수병원 의학박물관은 2015년 말 예수병원 앞 서원로 선형개선 공사로 인해 건물이 철거됨에 따라 그 아래쪽 신흥중고등학교 정문 맞은편 예수병원 제4주차장 건물로 이전하게 되었다. 약 4개월 동안 전시실을 새로 꾸며 전보다 약간 축소된 규모로 2016년 4월 21일 다시 문을 열었다.

전북 전주시 완산구 서원로 365(중화산동 1가)

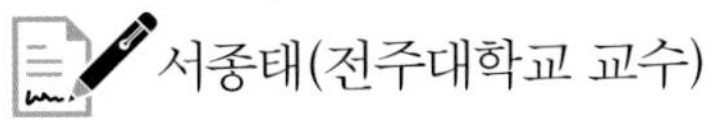
서종태(전주대학교 교수)

**답사 코스**

은송리교회 터 → 서문교회 → 신흥중 · 고등학교 → 옛 기전여자중 · 고등학교 → 구 예수병원 → 선교사의 묘역 → 예수병원 의학박물관

3장

# 경복사와 불교유적

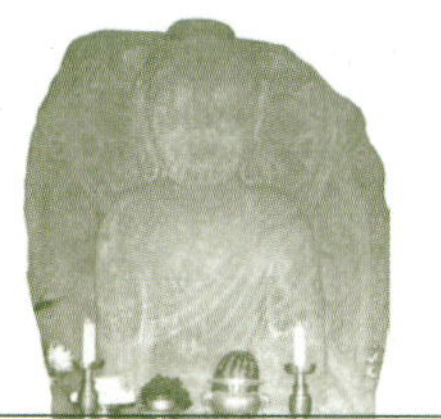

## 개요

전주에는 상상 외로 많은 불교 유적이 남아 있다. 고구려의 승려 보덕이 세웠다는 경복사와, 전주에서 구이로 넘어가는 보광재에 세워졌던 보광사 등은 유서가 깊은 사찰이다. 또한 전주는 사방에서 풍수를 보완해 재앙을 막고 안녕을 기원하기 위하여 사찰과 석불을 많이 활용하였다.

전주는 다른 도시와는 달리 특이하게 전주의 사방을 지켜 준다고 하는 사고사찰이 있다. 동고사, 서고사, 남고사, 진북사가 그것이다. 사고사찰이 형성된 시기는 잘 알 수 없다. 1530년에 편찬된 『신증동국여지승람』에 서고사와 남고사에 관한 기사가 있으나, 동고사와 북고사에 관한 기사가 없는 것으로 미루어 보아 사고사찰의 개념이 형성된 시기는 후대임을 알 수 있다. 1757년(영조33)~1765년(영조41)에 각 읍에서 편찬한 읍지를 모아 만든 전국 읍지인 『여지도서』에도 동고사, 서고사, 남고사가 보이나, 그 표기가 각각 '高'로 되어 있어 18세기 중반까지도 사고사찰의 개념은 형성되지 않은 것으로 보인다.

전주에는 사고사찰처럼 불상도 전주의 사방을 지켜 준다고 하는 사방불이 있다. 이런 개념이 성립된 시기는 아무래도 조선 후기일 것으로 추정된다. 그런데 석가모니불을 미륵불로 오인하고, 미륵이 하생하여 중생을 구제하여 준다는 의식이 강하게 반영되고 있다. 얼마나 일반민들이 강하게 구원을 바라고 있었는가를 알려 준다. 그러나 전주의 불교 유적들은 거의 대부분의 유적·유물들이 전해지는 기록이 없어 그 정확한 양상을 파악하기 힘들다. 전주에는 모악산과 고덕산이라는 두 개의 명산이 있다. 이번에는 모악산 자락의 불교 유적에 대해서는 지면과 필자의 능력 부족으로 언급하지 못하고, 주로 고덕산 자락의 사찰과 전주를 사방에서 지켜 준다고 믿어 왔던 사고사찰과 사방불에 대해서 서술하였다. 지금도 전주인들은 이들 때문에 전주에는 큰 자연재해가 없다고 믿고 있다.

### 경복사 터 景福寺址

경복사는 유서가 깊은 사찰이다. 삼국사기에 의하면 650년 고구려 반룡사에 거주하고 있던 보덕화상이 고구려가 도교를 숭상하고 불교를 멀리하자 백제의 완산 고대산으로 이주해 왔다고 되어 있다. 삼국유사에도 보덕이 고대산으로 이주해 왔다는 기사가 실려 있는데, 보덕이 완산의 경복사로 이주해 오게 된 까닭을 자세하게 서술해 주고 있다. 일연은 보덕의 이주에 관한 기사 제목을 '보장봉로 보덕이암(寶藏奉老 普德移庵)'이라고 붙였다. '고구려의 보장왕이 도교를 받들자 보덕이 암자를 옮겼다.'라는 의미이다. 제목에서 암시하듯이 보덕의 암자 이건은 고구려의 멸망으로 연결된다는 것이다. 일연은 이 기사의 마지막 부분에서 '고구려 왕은 웅덩이를 막았지만, 와룡이 바다로 간 것은 몰랐네.'라고 부연 설명하고 있다. 여기서의 와룡은 보덕임은 두말할 나위가 없다.

그만큼 보덕은 내공이 깊은 고승이었다고 하겠다. 보덕은 열반경과 방등경에 조예가 깊었다고 한다. 원효와 의상도 보덕에게서 열반과 방등의 가르침을 받았다고 한다. 열반경의 주요 가르침은 부처가 열반에 들었다고 결코 죽어 없어진 것이 아니라 영원한 생명을 지닌 금강불괴의 몸이라는 것과 모든 중생들은 누구나 불성을 가지고 있어 이 세상에서 가장 악독한 일천제일지라도 성불할 수 있다는 것이다. 방등경의 주요 가르침도 누구나 불성을 가지고 있는 평등한 존재라고 가르친다. 결국 보덕은 누구나 성불할 수 있으며, 성불만 하면 누구나 다이아몬드인 금강처럼 영원한 생명력을 지닐 수 있다고 가르쳤다. 이런 가르침은 원효가 노비일지라도 나무아미타불만 부지런히 외우면 누구나 성불할 수 있다는 깨달음에 영향을 주었을 것이다.

보덕의 가르침은 그의 제자들에게 이어졌다. 그의 제자로 11명의 이름이 알려져 있다. 그들은 각자 금동사·진구사·대승사·대원사·유마사·중대사·연구사를 창건하였다. 각 사찰이 지금 어디에 남아 있는지를 정확히 고증할 수는 없다. 대원사는 모악산 대원사로, 연구사는 남고산의 남고사로, 진구사는 임실 관촌면의 진구사로 비정되고 있으며, 금동사는 부안에 있었던 것으로 비정된다. 거의 대부분의 사찰이 전북 일대에 건립되었던 것을 알 수 있다. 보덕의 가르침이 전주 일대의 전북에 오랫동안 살아 숨쉬고 있었다고 하겠다.

그런데 보덕의 고대산 이주 시기에 대해서 두 설이 제기되어 있다. 650년 설과 667년 설이다. 『삼국사기』와 『삼국유사』는 650년으로 파악하고 있으며, 이규보는 그의 저서 『동국이상국집』에서 최치원이 지은 「보덕전」을 근거로

**경복사지 기와** | 조선시대 | 완주군 고덕산 | 전북대 박물관 소장

667년 설을 따랐다. 어떤 설을 따르든 크게 문제될 것이 없지만, 문제는 660년 백제의 멸망이다. 650년 설을 따르면 보덕은 백제로 망명한 셈이지만, 667년 설을 따르면 보덕은 백제가 멸망한 이후인 신라에 망명한 셈이 된다. 667년 설을 주장하는 연구자들은 보덕의 이주와 고구려 멸망을 더욱 확장하여 이해하고 있다. 즉, 674년 고구려 유민인 안승에 의해 보덕국이 익산에 세워진 것도 보덕의 고구려 유민 포섭과 관련짓는다.

필자는 다른 측면에서 보덕의 전통을 이어 가고자 한다. 필자가 근무하고 있는 전주교대의 교가는 '고달봉 우뚝 솟아 힘차게 물결치는~'으로 시작한다. 고달봉은 바로 경복사가 있는 곳이다. 보덕은 누구나가 성불할 수 있다고 가르쳤다. 보덕의 이런 가르침은 오늘날 우리 학교에도 면면히 이어져 어떤 문제 학생도 잘 가르치기만 하면 성공한 인생을 살아갈 수 있다는 것을 확신시켜 준다.

### 보광사 터 普光寺址

보광사는 전주의 흑석골에서 구이로 넘어가는 보광재에 위치한 화엄종 사찰이었다. 지금은 지상의 건축물은 다 사라지고, 대지만이 덩그라니 그 흔적을 남기고 있다. 사방이 산으로 둘러싸여 있고 조용하여 수양에 적합한 절이었다. 전주에 초임으로 부임한 이규보도 이곳에 들러 하루를 묵으면서 남긴 시가 전해지고 있다.

이 절은 원래 백제시대에 초창되었던 것이라고 한다. 오랜 세월이 흘러 이 절이 퇴락해 가자 1337~1343년에 걸쳐 고용봉의 시주로 중향(中向)에 의해 100칸이 넘는 건물이 중창되었으며, 이때 사용된 돈이 25,000전이었으며, 도금하기 위해 쓰인 황금이 15근이었고, 그릇을 장식한 백금이 30근이었다. 중창한 중향은 전주의 흑석골 출신이라는 것만 기록에 나와 어떤 사람인지는 알 수 없지만, 고용봉은 『고려사』에 열전이 있을 정도로 비중 있는 인물이다.

그런데 고용봉은 환관으로 상당히 악명을 떨쳤던 인물이었다. 기황후가 황후로 올라가는 데 많은 도움을 주었으며, 충혜왕이 원나라로 잡혀가는 데 일조했었던 인물이다. 어떻게 보자면 MBC에서 방영된 드라마 〈기황후〉에서 이원종이 연기한 내시 독만 역이라고 하겠다. 하여튼 이렇게 중창된 보광사에 중향은 다시 심원루를 지었다. 보광사 중창 기록과 심원루에 대한 기록은 유명한 이곡의 『가정집』에 실려 전해지고 있다. 이렇게 보광사가 중창된 이후 1363년(공민왕12)에 보우는 신돈을 경계하라는 글을 공민왕에게 올려, 오히려 왕에게 미움을 받자 왕사를 반납하고 보광사에 와서 잠시 머물렀다.

번성했던 보광사이지만, 18세기 중반에 편찬된 『여지도서』에 폐사로 기록되어 있다. 현재는 아무것도 남아 있지 않다. 완전히 변했다. 누가 그곳을 절터였다고 생각할 수 없을 정도로 변해 버렸다. 현대판 건물들로 변해 버린 보광사지를 보면서 세월의 무상함을 느끼지 않을 수 없다.

## 사고사찰 四固寺刹

### 동고사 東固寺 | 전라북도 문화재자료 제2호

사고사찰 중 유일하게 태고종 소속의 사찰이다. 935년(경순왕9) 경순왕이 고려 태조에게 항복한 후 셋째 왕자인 법수(法水, 법명은 梵空)가 출가하여 부왕과 어머니, 마의태자 등 5인의 상을 목각으로 조성하여 이 절에 봉안했다. 그러므로 '김부대왕(金傅大王, 金傅는 경순왕의 이름)절' 또는 '진불대왕(眞佛大王)절'이라고도 불렀다. 1592년(선조25) 임진왜란 때 전소했으며, 1844년(헌종10) 허주 덕진(虛舟德眞)이 지금의 자리로 옮겨 중창했다. 1946년 영담(暎潭)이 주지로 취임, 대웅전과 요사 등을 건립했다. 절 전체가 전라북도 문화재자료 제2호로 지정되어 있다.

전북 전주시 완산구 교동 1가 산10

동고사

## 서고사 西固寺

대한불교조계종 제17교구 본사 금산사의 말사이다. 서고사는 황방산에 있다. 황방산 등산로를 따라 올라가다가 보면 표지판이 나온다. 표지판을 따

서고사

라 내려가면 서고사가 나온다. 특별하게 기술할 정도로 특이한 점은 없다. 서고사에 대한 최초의 기록은 『신증동국여지승람』이다. 『여지도서』에도 간략하게 기록이 찾아진다. 『전주부사』에 80여 년 전에 세워진 소사암(小寺庵)과 미륵석불당(彌勒石佛堂)이 있다고 전해지고 있다.

전북 전주시 덕진구 만성동 산84

### 남고사 南固寺

대한불교조계종 제17교구 본사인 금산사의 말사이다. 남고사는 보덕의 제자인 명덕화상이 지은 절로 원래는 남고연국사(南高燕國寺)라 하였다고 한다. '연국'은 '나라를 평안하게 한다.'는 뜻으로서 산성 안에 위치한 사찰에 그렇게 붙여 쓰는 경우가 많다. 후일에 남고사라고만 불리워졌는데 언제부터 그렇게 칭하게 되었는지는 알 수 없다.

기록상에 의하면 이달충이 쓴 전주 『관풍루기』에 남고사에 관한 이야기가 있다. 이에 의하면 이달충이 안찰사로 와 더위로 병을 얻었으나, 남고사에 가서 휴양을 하자 며칠 만에 병세가 호전되었다고 한다. 남고사의 주변 환경이

남고사

그만큼 좋다는 뜻일 것이다. 『두타초』를 쓴 이하곤(1677~1724)이 1722년 정월에 전주에 들러 남고사를 올라갔다. 그는 남고사 부근의 만경대에 오르니 전주의 인가가 눈아래에 펼쳐져 있으며, 서쪽으로는 너른 평야에 서해까지 보인다고 하고 있다. 남고사는 남고산성 안에 위치해 있는데, 이 산성은 남고진으로 불리워지고 있다. 이곳에는 헌종 12년(1846)에 세워진 남고진 사적비가 있다.

현 건물의 건립 연대는 약 100년 전 내외로 추정되며, 현재의 가람은 전라북도기념물 제72호 남고사지의 옛 절터 위에 세워졌다. 한편 1980년에 남고사 경내에서 전체 높이 7.5㎝의 대좌를 갖춘 소형 금동불이 출토되었다.

전북 전주시 완산구 남고산성1길 53-88(동서학동)

### 진북사(북고사) 鎭北寺

대한불교조계종 제17교구 본사인 금산사의 말사이다. 현재 진북터널 입구에 있다. 신라 말 도선이 창건하였다고 전해지나, 조선 후기까지의 연혁이 전해지지 않는다. 이로 보아 1820년(순조20) 이서구(李書九)가 전라도 관찰

진북사

사로 재임하면서 참배하고 만년향화불멸(萬年香火不滅)의 요지라 칭했던 곳이라고 하여, 이서구가 풍수지리설에 따라 전주성 북쪽을 보강하기 위하여 진북사를 창건한 것이 아닌가 생각된다. 그로부터 약 100년 후인 1922년 김성근(金性根)이 중건하였다. 건물로 극락전과 미륵전·산신각·요사 등이 남아 있고, 유물로 창건 당시의 것으로 전해지는 석조미륵불상이 남아 있다.

전북 전주시 덕진구 전주천서로 403-5(진북동)

## 사방불 四方佛

### 천고사 석불좌상 天高寺石佛坐像 | 전라북도 문화재자료 제145호

1999년 7월 9일 전라북도 문화재자료 제145호로 지정되었다. 천고사의 미륵전 주불로 봉안되어 있으나, 항마촉지인(降魔觸地印)을 하고 있어 석가모

천고사 석불좌상

니불로 밝혀졌다. 미륵전에 모셔져 있을 정도로 지역민들은 미륵으로 숭배하고 있다. 이 불상은 몸체에 비해 얼굴 부위가 크게 묘사되어 있으며, 오른쪽 어깨를 완전히 드러낸 옷차림을 하고 있다. 천고사는 고려 초에 원광스님이 세웠다고 전해지는데, 이 불상은 조성 수법으로 미루어 고려 말경으로 추정되며, 당시 지방 양식을 보여 주는 작품으로 생각된다. 불상의 하반신은 단 아래 묻혀 있는데 미륵전의 천장 높이에 맞추느라 광배 윗부분을 잘라내었으나 그 조각은 남아 있다. 전주의 서쪽 방향을 지켜 주는 불상으로 여겨지고 있다.

전북 전주시 덕진구 만성용흥길 7(만성동)

**서서학동 석불입상** 西棲鶴洞石佛立像 | 전라북도 문화재자료 제9호

이 불상은 장승백이 근처 서서학동 동편 산 중턱에 있다. 1984년 4월 1일 전라북도 문화재자료 제9호로 지정되었다. 이 석불은 오랫동안 머리 부분을

서서학동 석불입상

제외한 몸체가 땅에 묻혀 있었으나, 1970년대에 파내어, 1980년에 건립한 미륵암의 미륵당 안에 모셨다. 이 불상은 그 본 모습을 상당 부분 잃었는데, 코와 손은 근래 새로 만들어 붙인 것이다. 오른손은 아래를 향하고 왼손은 굽혀져 있는 형태로 보아 항마촉지인으로 추정된다. 이 불상 역시 미륵당에 모셔져 있으나 석가여래라고 하겠다. 이 불상은 제작 기법과 연꽃 무늬를 새긴 받침대 양식 등으로 미루어 보아 조선시대의 작품으로 보이나, 고려 말 작품으로 보는 견해도 있다. 이 석불은 전주의 남쪽 방향을 지켜 주는 불상으로 여겨지고 있다.

전북 전주시 완산구 석불3길 19 미륵암(서서학동)

**인후동 석불입상** 麟後洞石佛立像 | 전라북도 문화재자료 제10호

1984년 4월 1일 전라북도 문화재자료 제10호로 지정되었다. 불상의 높이는 270㎝이나 하신부는 땅속에 묻혀 있다. 왼손은 가슴 높이에서 굽혀 손바

인후동 석불입상

닥을 밖으로 한 시무외인(施無畏印)을 짓고 있다. 오른손은 가슴 앞에서 굽혀 손바닥을 안으로 하고 있다. 수인상으로는 명확하게 부처명을 확신할 수가 없으나, 이 불상이 보존된 사찰을 용화사라고 하여 앞의 불상들처럼 혹 석가불을 미륵불로 보고 있는 것은 아닐까 의심이 든다. 용화세계는 미륵정토를 의미한다. 고려 후기에 제작된 것으로 추정된다. 오른쪽 귀가 훼손된 것은 정유재란 때 가토 기요마사(加藤淸正)가 칼로 쳤다는 전설이 있다. 전주의 동쪽 방향을 지켜 주는 부처로 여겨지고 있다.

Ⓐ 전북 전주시 덕진구 견훤로 177 용화사(인후동 1가)

### 진북사 석불입상 鎭北寺石佛立像

진북사 미륵불상에 관한 전설이 전해져 내려온다. 1930년대에 절 인근에 사는 한 노파의 꿈에 미륵이 나타나 "나는 전주천변에 있는데, 현재 매우 괴로우니 편안하게 옮겨 주면 소원을 들어주겠다."고 하였다. 다음 날 노파가 나룻

진북사 석불입상

배를 타고 이 절 아래의 전주천변 늪으로 가서 이 불상을 찾아냈다. 몇 년 후 이 절의 신도들이 미륵전을 짓고 미륵불을 남향으로 세웠는데, 이번에는 미륵불이 일꾼들의 꿈에 나타나 동향으로 옮겨 달라고 하였다. 그 일꾼이 무거워서 옮기기 어렵다고 하자, 손만 대면 움직일 것이라고 하였다. 다음 날 주지와 일꾼이 미륵불을 모신 불단에 손을 대자 저절로 동향으로 옮겨졌다고 한다.

전북 전주시 덕진구 전주천서로 403-5(진북동)

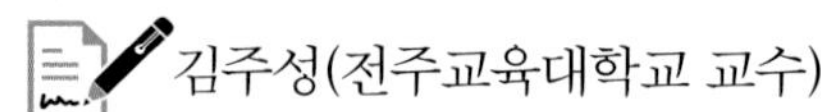

김주성(전주교육대학교 교수)

## 답사 코스

동고사 → 남고사 → 서서학동 석불입상 → 인후동 석불입상 → 진북사 → 서고사 → 천고사

**제6편**

# 지리유적

1장_전주천을 따라 흐른 전주인의 삶

2장_덕진연못과 비보풍수

3장_전주 옛길

1장

# 전주천을 따라 흐른 전주인의 삶

## 개요

전주의 남쪽과 서쪽을 감싸고 흐르는 전주천은, 전주 사람들에게 단순한 자연 하천이 아니라 너와 나, 그리고 이곳과 저곳을 구분하는 인식의 경계였다. 지금은 구 도심이라 부르는 옛 전주성 내의 공간이 가지는 '치소(治所)'와 성밖의 '주거지'의 구분이기도 했고, 때로는 '중심'과 '변두리'라는 차별의 경계선이기도 하였다. 천 너머 사는 것은 중심으로부터의 이탈을 의미했기 때문에 해방 이후에도 한동안 전주천은 삶의 패러다임을 구분 짓는 '피안의 다리'로까지 확대되기도 하였다. 그런 때문인지 전주천이 갖는 공간은 만남이었다. 천의 이쪽과 저쪽의 사람들이 보이고, 전주와 타 지역민이 모여 생활을 공유하는 터전이기도 했다.

전주천은 전주의 동남쪽 완주군과 임실군의 경계에 있는 슬치의 북동 기슭, 완주군 상관면 표고 약 230m의 지점에서 시작하여 북쪽을 향해 흐르다가 전주에서 남원으로 향하는 좁은목 벼랑 건너편 한벽당 아래에서 전주의 남쪽을 끼고 서쪽으로 흐르다가, 다가산 거북바위에서 방향을 틀어 다시 북으로 흘러 추천을 지나 만경강을 따라 서해에 다다른다. 흔히들 전주천이라고 부르는 하천은 발원지로부터 만경강에 합류하는 곳까지를 이르는 것이겠지만, 좁게는 전주시를 감싸고 도는 하천만을 지칭하기도 한다. 그것 역시 남천(南川), 서천(西川), 추천(楸川) 등으로 나뉘어 불리고 있다. 남천은 한벽당에서 다가산에 이르는 전주천으로 전주의 남쪽을 흐른다 해서 붙인 이름이고, 서천 역시 전주의 서쪽에 흐르는 하천이기 때문에 명명된 것이다. 추천은 전주천이 삼천과 합수해서 삼례에서 만경강에 합류할 때까지의 전주천을 가리키는 것이다.

그렇지만 옛 기록과 몇몇 증거들에 의하면 전주천의 물줄기는 지금과는 달리 전주의 동쪽 구릉 아래를 따라 북쪽으로 곧바로 흘러들어 간 듯하다. 실제로 1939년 덕진연못의 북서쪽 모퉁이 연못 아래 지하 10척 정도를 팠을 때 암반이 나타났는데, 그 사이 많은 냇돌을 파 올렸다는 기록이 있다. 덕진연못은 전주천이 서쪽으로 옮겨 간 이후에 전주 건방(乾方, 북쪽)의 허한 기운을 막기 위해 제방을 쌓아 올려 부근의 물을 담아 유람도 할 수 있는 일거삼득의 효과를 얻었다고 할 수 있다. 덕진연못과 전군도로와의 사이에 있는 밭은 지하 1미터만 파더라도 하천의 모래층이 나타난다고 한다.

『완산지』에 의하면 남천이 옛날에는 오목대 아래로 흘렀는데 민가를 파 보면 왕왕 모두 냇돌이 나오니, 옛날에 물이 흐르던 곳임을 알 수 있다고 하였다. 견훤산성에서 기린봉을 거쳐 문화촌이라 불리는 옛 인봉리를 지나 서노송동 구 형무소 자리에 이른 능선 자락, 현재 진북동 우성아파트가 있는 능선에 견훤의 고성이 있었던 것으로 추정되고, 고려 때 조선시대와 같은 지역에 성이 수축된 것으로 보여지므로 전주천의 하상이 현재의 위치로 옮겨진 것은 고려 이전의 일로 추정된다.

### 한벽당 寒碧堂 | 전라북도 유형문화재 제15호

따스한 햇볕에 바람 맑고, 밤 드니 비 개인 달이로다. 光風霽月
하늘가 소리개 떠서 돌고, 햇물에 뛰노는 고기로다. 鳶飛魚躍

한벽당을 세운 월당 최담은 오목대 남쪽에 집을 짓고 이 여덟 글자를 새겨 도의(道義)를 향한 마음을 나타내었다고 한다. 월당 최담의 묘비명에 의하면 그가 71세에 관직에서 물러나 1404년(태종4) 구계(九溪) 위 옥류동에 한벽당을 지었다고 한다. 그뒤 한벽당은 월당의 자손들에 의해 대대로 보수를 해 오다가 1684년(숙종10)에 당시 관찰사였던 이사명이 한벽당에 이어 9동의 작은 층각을 세웠다고 한다. 1733년(영조9)에는 전주판관 윤성필이 사재를 털어 보수했으며, 1897년(광무1)에 후손들이 출연하여 지어 오늘에 이르고 있다. 월당이 처음 세운 한벽당은 어떤 모습인지, 관찰사 이사명이 중수한 층각은 어떤 모습인지 상상해 볼 수 있겠지만, 지금은 한벽당과 1986년에 복원된 '요월대(邀月臺)'만 남아 있다. 요월대는 달을 맞이하는 건물로 1910년대 후반 무렵 세워졌다가 한국전쟁 때 사라진 것이다. 예전에는 달맞이 건물의 이름처럼 동쪽을 향하고 있었으나 1986년 복원하면서 남쪽으로 방향을 바꾸었다.

월당이 낙향해서 도의(道義)를 세우기 위해 힘쓰려 했던 한벽당의 정기가 잘리게 된 것은 전라선의 설치 때문이었다. 전라선 철길은 익산역에서 삼례, 덕진을 거쳐 현재의 전주 시청에 있던 전주역으로 지나 간납대(전 영생고 자리)를 자르고 오목대-이목대-한벽굴을 지나 중바위 서쪽 아래를 타고 색장동으로 이어지고 있다. 일본은 전라선을 놓는다는 미명 아래 전주 초입부터 건지산에서 가련산(법원 뒷산)으로 흐르는 지맥을 잇기 위해 쌓은 덕진제(德津堤)의 기운을 잘라 놓더니 간납대에 이르러서 전주의 정신이 깃든 자만동, 옥류동, 한벽당의 정기를 일본도로 단칼에 잘라 놓은 듯 끊어 놓고 말았다.

옛 어른들의 말을 빌리자면 전주에는 호랑이 기운을 가진 승암산과 용의 기운을 가진 용두봉이 있었는데 일본인들이 그 기운을 잠재우기 위해서 호랑이의 기운은 전라선의 철길로 끊어 버리고, 용두봉의 기운은 경목선(국도 1호선)을 넓힌다는 명목으로 그 지맥을 깎아 내려 용머리고개를 만들었다고 한다. 이 말을 한낱 감여가(풍수가)의 일언으로 치부해 버리기에는 왠지 갑갑한 느낌을 지울 수 없다. 실제로 철길이 놓이고 기차가 운행될 때 자만동 부근에 이르면 자꾸 기차가 멈추었다고 한다. 영문을 알 수 없는 이런 현상에 일본인들은 부랴부랴 발산에서 오목대에 이르는 다리를 놓았고, 그 이후로는 기차

한벽당 전경

가 멈추는 일이 없었다고 한다.

옛사람들이 한벽당에 올라 한벽당의 풍광을 봄·여름·가을·겨울로 나누어 읊었는데, 이를 음미해 볼 일이다.

| | |
|---|---|
| 봄 따스한 볕에 핀 견훤성의 꽃 버들 | 春日東城花柳 |
| 여름 무더위 속 만마관의 시원한 바람 | 夏炎萬馬淸風 |
| 가을 숲 옥류동에 드리운 맑게 갠 노을 | 秋林玉洞晴霞 |
| 겨울 밤 남고사에 쌓인 눈을 비취는 달빛 | 冬夜南固雪月 |

전북 전주시 완산구 기린대로 2(교동)

## 전주천의 다리들

전주천에 놓인 다리는 분절된 인식을 이어 주는 소통의 의미를 갖는다. 사람과 물자의 이동을 이어 주는 물류의 소통과 사람과 사람들이 왕래하는 삶의 소통인 것이다. 예부터 잇지 않고서는 살아갈 수 없는 사회적 동물인 인간의 본능이 다리를 만들 수밖에 없었는지 모른다. 전주천에도 전주라는 곳에 사람들이 살기 시작한 이래 많은 다리들이 놓였고, 각각의 다리들이 갖는 소통의 의미는 조금씩 달랐다.

사람들이 기억하는 전주천의 다리 중 가장 으뜸은 싸전다리일 것이다. 한때는 전주교라 불린 싸전다리가 전주 사람들에 크게 다가간 것은 남문밖시장이라는 거대한 물류의 중심에 인접해 있었기 때문이기도 하고, 그 뒤켠에 전주부성의 정문에 해당하는 풍남문이 있었기 때문이기도 하다. 싸전다리를 중심으로 좌우에 펼쳐진 전주부성의 장날은 그야말로 온갖 사람들이 모이는 대동의 공간이었다. 남문밖시장은 물론이거니와 사람들이 남문밖시장으로 잘못 알고 있는, 흰옷을 입은 수많은 시장 사람들이 모여 있는 반석리의 시장이 바로 싸전다리 양쪽에 위치해 있었던 것이다. 그래서 늘 전주 사람들에게 전주천 하면 싸전다리를 떠올리게 되었던 것이다.

그렇지만 전주천에 싸전다리만 있는 것은 아니다. 사실 풍남문을 나서서 남쪽으로 향할 때에 건너는 다리는 지금의 싸전다리가 아니라 '안경다리', '무지개다리'라 불렸던 남천교였다. 당시만 해도 싸전다리는 나무로 얼기설기 엮어 만든 임시 다리였기 때문이다. 싸전다리가 남천교를 제치고 중심의 역할을 하기 시작한 것은 1910년 남천교가 홍수로 사라져 버리고, 일제가 1922년 콘크리트 다리를 현재의 싸전다리에 놓으면서부터이다. 말하자면 싸전다리는 조선시대에서 일제로 전환되는 과정에 일제에 의해 강제로 부여된 전주의 중심 다리가 되어 버린 것이다.

다리의 변화가 가져온 사례는 몇 가지가 더 있다. 조선시대의 지도를 보면 전주천에 놓여진 대표적인 다리로 남천교, 서천교, 완산교가 있고 그 사이에 있는 매곡교, 사마교(현 다가교 부근) 등은 돌만 놓여진 징검다리가 있거나 임시 다리였다. 이 다리를 중심으로 조선시대의 장터가 형성되었다. 전주천을 끼고 놓여진 다리에는 사람들의 왕래를 좇아 그리고 넓은 공터를 찾아 형성된

**전주천의 다리들** | 앞쪽부터 소금전다리(완산교), 서천교, 설대전다리(매곡교)

시장들이 이어졌다. 싸전다리(쌀가게), 설대전다리(담뱃대 가게, 현 매곡교), 소금전다리(소금 가게, 현 완산교)는 그중 대표적인 다리 밑 시장이었다. 싸전다리에서 소금전다리까지 이어지는 전주부성의 남쪽을 흐르는 구간은 서문과 남문의 사이로 경향 각지로 이어지는 사람들의 왕래가 많았기 때문에 물산을 잇는 물류기지 역할을 하였던 것이다. 나무 시장이나 소 시장도 이 다리들 사이에 있었다.

1922년 일본이 싸전다리와 완산교를 콘크리트 다리로 가설하자 전주천을 건너는 사람들과 물산은 이들 다리에 집중되게 되었다. 남천교와 서천교가 홍수로 유실된 뒤 기능을 완전히 상실하게 되고, 싸전다리와 남문밖시장, 완산교와 서문밖시장이 연결되면서 물산의 기능은 여전히 이어졌지만 그 핵심은 변화하였고, 이 다리를 중심으로 근대 교통망으로 이어지는 교통로가 구축되었다. 용머리고개의 파괴는 어쩌면 당연한 결과였던 것이다.

현재 전주천에는 승암교로부터 한벽교를 지나 추천대교까지 14개 정도의 다리가 놓여 있다. 싸전다리는 노인분들의 놀이터로 여전히 각광을 받고 있지만, 대부분의 다리는 옛 기능을 상실한 지 오래이다. 1968년 전주천 고수부지에 있는 임시 가옥들이 대대적으로 철거될 때까지 전주천과 다리, 다리 밑, 다리와 다리를 잇는 공간의 기능은 세상에 뒤처진 가진 것 없는 서민들의 삶의 터전으로 근근이 기능하기도 하였다.

### 남천교 南川橋

현 전주교 상류 170미터 지점 강암서예관을 못미친 자리에 위치하였다. 원래 돌다리[石橋]였던 이 다리는 1753년(영조29) 유실되었다가 1790년(정조14) 김응록, 박사덕 등이 복구사업을 시작 14,000냥의 돈을 모아 1791년 8월 공사를 시작해서 12월 완공하였다. 이때 다시 만든 다리 모양을 보고 '안경다리[眼鏡橋]', '오룡교(五龍橋)'라고도 불렀다. 다섯 개의 창을 가진 무지개 모양의 다리였으며 각 창 머리에는 용머리를 새겨 놓았는데, 승암산이 화기(火氣)를 머금은 형세여서 이를 방지하기 위한 것이었다고 한다. 이후 다

**남천교 개건비** | 1794년(정조18)

시 무너진 1901년 관찰사 조한국이 평교(平橋)로 개축하였으나, 1907년 수해를 입어 부서지자 같은 해 백남선의 후원으로 재수축하였다. 그러나 3년 후 홍수로 유실되어 현존하지 않는다. 이후 콘크리트 다리가 놓였다가 2010년 현재의 모습으로 복원되었다. 또한 전주교육대학교 박물관 앞 도로변에 옮겨진 남천교 개건비도 복원된 다리로 이전하였다. 남천교 개건비는 남천교의 개건 경위와 그 비용을 기록한 것으로 1794년(정조18)에 세웠으나, 1862년(철종13) 3면을 깎아내고 비문을 새로 새겨 넣었다. 기금을 모은 내역과 공사에 동원된 인원수와 지역, 그리고 기금을 낸 사람들의 명단과 금액 등이 새겨져 있다.

**서천교** 西川橋

원래는 흙다리(土橋)였으나 관찰사 한용구, 조인영, 이규현 등의 노력과

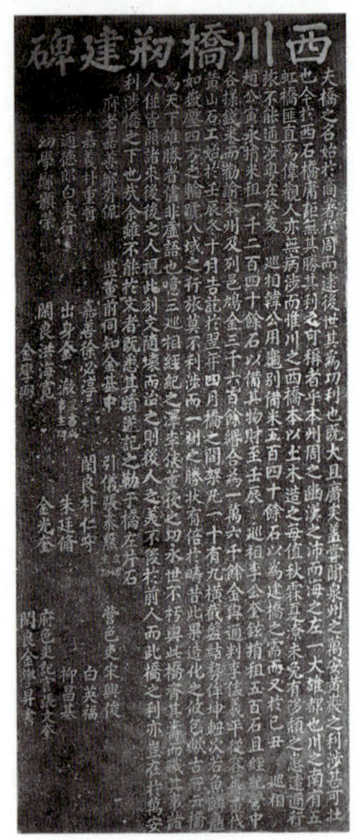


**서천교 창건비와 탁본**(『전라북도금석문대계』) | 1847년(헌종13)

성내 백성들의 성금을 모아 1833년(순조33) 돌다리(石橋)를 놓았다. 탄탄하기란 마치 땅바닥을 딛는 것 같았으며 놓여진 돌의 모습이 고기비늘처럼 눈부셨다고 한다. 이후 홍수로 붕괴된 것을 1845년(헌종11)에 전주부성 사람들을 동원하여 개축하였다. 1896년(고종33)에는 승지 김창석이 사재를 털어 개축했으나, 오래되지 않아 무너졌다. 그후 1931년 박기순이 서천교 다리 돌을 옮겨 완산에 청학루(靑鶴樓, 옛 국악원)를 건립하였다고 한다. 그 대신 목교(木橋)를 현 서천교가 있던 자리에 놓았으나 1936년 대홍수 때에 유실된 것을 1960년대 다시 세웠다. 현 서천교 서쪽에 1847년에 세워진 서천교 창건비가 있다. 서천교의 건립 과정과 모금한 액수 등이 기재되어 있다. 건립을 위한 자금의 마련 과정이 전면에 새겨져 있으며, 후면에는 기금을 조성한 사람들의 명단과 액수가 기재되어 있다.

### 싸전다리 米廛橋

지금의 전주교 자리에 있던 다리로 나무다리[木橋]였다. 옛날에 이 다리목을 끼고 좌우에 싸전(쌀가게)들이 늘어서 있었다고 해서 붙여진 이름이다. 일제시대에는 일본 사람들이 사탕을 만들어 팔기도 했다. 이후 1922년 전주교가 건립되었는데, 전북 최초의 콘크리트 시공이었다. 이 전주교는 1936년 대홍수 때에도 유실되지 않은 유일한 다리였다. 1960년대 확장하여 다시 세웠다.

### 설대전다리 煙竹橋

현 남부시장에서 완산칠봉으로 들어가는 매곡교 자리이다. 옛날에 이 다리 아래쪽 서천교 사이로 담뱃대(煙竹, 설대) 장사들이 좌전(坐廛)을 벌여 붙여진 이름이다. 또한 이 다리 밑은 우시장이 열려 '쇠전강변'이라고도 했다.

### 소금전다리 鹽廛橋

현 완산교에 놓였던 다리이다. 옛날 소금 가게들이 있었기 때문에 붙여진 이름이다. 1922년 전주교와 함께 콘크리트로 완산교가 놓여져 용머리고개를 넘어 정읍 방면으로 연결되는 중요한 역할을 하였다. 1936년 대홍수 때에 유실되었으나 그 이듬해 다시 완공하였다.

### 초록바위

남부시장 건너편 산자락이 잘려 나간 곳이 곤지산이다. 북쪽의 건지산에 대응하는 남쪽의 봉우리라는 의미의 곤지산으로 전주부성의 북문과 풍남문을 잇는 선상에 위치하고 있어 곤지산에 올라 보면 전주부의 중심축을 조망할 수 있다. 흑석골에서 내려오는 공수내는 곤지산 자락 초록바위에 부딪쳐 방향을 틀어 전주부를 향해 달려드는 형국이다. 곤지산 및 초록바위를 물로 공격한다 해서 '공수내'라 하기도 하고, 그 때문에 바위에 늘 이끼가 껴 있어서 '초록바위'라 했다 한다. 초록바위 앞 전주천변은 전주 역사에 회한의 설움을 담고 있는 곳이다.

초록바위 밑은 1866년(고종3) 병인박해 때에 새남터에서 순교한 남종삼의 아들 남명희와 이름 모를 홍봉주의 아들이 15살의 나이로 수장된 곳이다. 남종삼을 처형한 조선 정부는 그의 부친 남상교와 아들 남명희를 공주감영으로 압송하게 되는데, 할아버지와 손자를 함께 가둘 수 없어서 14살이던 남명희를 전주감영으로 보내었다. 『고종실록』에 의하면 정부에서는 '남종삼과 홍봉주의 자식들이 나이는 비록 차지 않았다 해도 흉악한 종자들을 자라게 내버려 둘 수는 없다.'고 기록하였다. 14살 어린 나이에 처형을 할 수 없어 법적으로 처형할 수 있는 15살 때까지 남명희와 홍봉주의 아들은 전라감영에서 죽을 날을 기다리고 있었던 것이다. 전라감사가 배교할 것을 권유했음에도 묵묵부답 입을 다문 채 고개를 저었다고 한다. 천주교단에서는 초록바위 밑 수장되었을 그곳에 순교자비를 세웠다.

초록바위는 또한 동학농민혁명의 한 주역이었던 김개남이 처형된 곳이기도 하다. 조선시대 죄인의 목을 잘라 많은 사람들이 볼 수 있도록 곤지산 꼭대기에 있는 소나무에 매달아 두었던 효시의 장소로 후대 사람들이 전주의 3대 바람통(바람퉁이)으로 손꼽는 곳이다. 바람이 시원한 세 곳을 가리키는 3대 바람통은 좁은목, 초록바위, 숲정이었다. 이 세 곳 모두 사실 지형상 시원한 곳임에는 틀림없지만, 초록바위와 숲정이는 게다가 처형이 이루어진 곳이었으니 구천을 떠돌던 원혼들이 눈을 부리고 있어 등골이 오싹할 정도의 한기를 느낄 수밖에 없었는지 모른다.

일제강점기 초록바위를 오르는 골짜기는 '수도골목'이라 불리었다. 전주 도심에 수돗물을 공급하기 위해서 정수장을 세운 곳이 지금 완산동 시립도서관 자리였다. 초록바위 위 높은 곳으로 수돗물을 끌어 올린 다음 낙차를 이용해서 전주 시내에 수돗물을 공급했던 것이다. 초록바위 서쪽 벼랑, 지금은 복개되어 도로로 사용되고 있지만 그곳은 입하(立夏) 때에 피는 나무라 해서 입하목(立夏木)이라 불린 이팝나무의 군락지이다.

전북 전주시 완산구 동완산동 산1-9

## 천양정 穿揚亭 | 전라북도문화재자료 제6호

천양이란 '버들잎을 화살로 꿰뚫는다'는 뜻으로 활터에 세운 정자이다. 조선 숙종 38년(1712)에 건립되었으나 세운 지 9년 만에 홍수로 유실되었다. 이후 1722년(경종2) 다가정(多佳亭)이 세워졌고, 1830년(순조30) 다시 천양정이 세워졌다. 다가정은 북쪽에 후가 있어 바람을 맞고 활을 쏘아야 하기 때문에 젊은이들이 주로 이용했으며 천양정은 서쪽에 후가 있어 주로 노인층이 이용하였다. 전주에는 세 군데 사정이 있었는데 용머리고개의 군자정, 다가산의 천양정, 서서학동의 읍양정 등이었다. 이 세 사정은 1912년 통합되어 전주천양정사정회로 바뀌었다.

전북 전주시 완산구 전주천서로 237(중화산동 1가)

### 사직단 터 社稷壇址

사(社)는 지신을 말하며, 직(稷)은 곡물신을 말한다. 사직단은 지신과 곡신에게 제사를 올리던 곳으로 현 신흥학교 교사 부지에 위치해 있었던 것으로 추정된다. 매년 춘추에 두 번의 정례적인 제향이 있었으며 전주부사가 제주가 되어 향사하였다. 사직제는 경기전, 성황사, 여단의 제사와 함께 부성의 중요한 제례로 행해졌다.

### 추천대 湫川臺 | 전라북도문화재자료 제8호

호남제일문을 지나 팔복동을 거쳐 전주로 넘어오는 첫 번째 다리의 이름도 추천대교이다. 예전에 전주 사람들이 흔히 '용산다리'라 불렀던 다리이다. 용산다리라 불린 것은 전주종합운동장의 동남쪽에 있던 떡전거리에서 서울을 가기 위해 추천대교까지 있던 뜰이 용산평이어서 붙여진 이름이다. 전주 남문을 나와 서울을 가는 옛사람들이 전주종합운동장쯤 걸어오게 되면 배가 출출해서 떡을 파는 가게들이 있었다고 하니 흐르는 땀을 식히면서 기운 내 걸어 전주천을 건넜을 것이다. 전주천을 건너 천을 따라 평리부락을 지나면 만경강을 만나게 되는 것이다. 평리부락은 이몽룡이 장원급제하고 남원으로 내려갈 때 등장하는 부락이다. 만경강을 따라 내려가다 한내(전주천과 소양천이 만나는 곳)를 건너 삼례역에 다다르는 길이다. 이처럼 추천대교는 전주 초입의 큰 다리이다.

'추천(楸川)'은 가래 여울을 의미하는 추탄(湫灘)에서 유래한 것이다. 보통은 가래나무가 많이 심어져 있어 '가래 여울'이라 한다. 전주의 추천은 하늘에서 본 추천이 가래 모양으로 갈라져 있어 추천이라 했을 수도 있지만, 추탄 이경동(李瓊仝)이 말년에 낙향하여 낚싯대를 드리웠기 때문에 붙여진 이름으로 보여진다. 가리 여울(추탄, 추천)과 관련해서 추천을 중심으로 상가리, 하가리, 가리방죽 등의 지명이 남아 있는 것도 추천과 무관하지 않다.

상가리와 하가리에 대해서는 또 다른 이야기가 전해지고 있다.

**추천대** | 일제강점기 | 전주역사박물관 소장 사진엽서

추탄 이경동이 전주에 낙향하여 살 때 어느 날 부모님이 위독하게 되어 전주부성으로 부랴부랴 달려가 약을 지어 오는데 느닷없이 소나기가 내려 전주천을 건널 수 없는 상황이 되어 버렸다고 한다. 추천은 삼천과 전주천이 만나는 곳으로 지금도 비가 내리면 물이 금방 불어나는 곳이었으니, 옛날 다리를 건너기는 쉽지 않았을 것이다. 그러나 추천 가에 다다른 이경동은 부모님의 병이 걱정되어 무작정 강을 건너려 물에 들어갔다고 한다. 그 순간 하늘이 그 효성에 감동하였는지 추탄 이경동이 무사히 강을 건널 수 있도록 물길이 갈라졌다고 한다. 바로 그 물길이 갈라진 위쪽 마을을 상가리라 하고 그 아래를 하가리라 불렀다. 낙향해서 추천대에 낚시를 드리운 추탄 이경동의 효심이 낳은 기적 같은 이야기가 전해지고 있는 것이다.

추천대에는 1899년 후손인 이정호가 지은 사방 2칸의 누정이 있다. 추천대 편액은 벽하(碧下) 조주승(趙周昇, 1854~1903)이 썼다. 누정 앞에는 추탄 이선생조대유지(湫灘李先生釣臺遺址)라 쓰여진 비석과 암각서가 있고, 그 뒤에 최근에 세운 신도비가 있다. 추탄 이경동은 현재 황강서원에 모셔져 있다. 황강서원은 1603년 지방 유림들이 의견을 모아 이문정(李文挺)·이백유(李伯由)·이경동·이목(李穆)의 학문과 덕행을 추모하기 위해 세워졌다. 이후 김덕린(金德鄰), 강해우(姜海遇)가 추가로 배향되었다. 『동문선』에는 그가 지은 시 7수가 전한다.

전북 전주시 덕진구 팔복동 3가

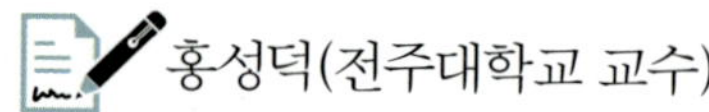

홍성덕(전주대학교 교수)

## 답사 코스

한벽당 → 남천교 → 싸전다리 → 초록바위 → 매곡교·서천교·완산교·다가교 → 천양정 → 추천대

2장

# 덕진연못과 비보풍수

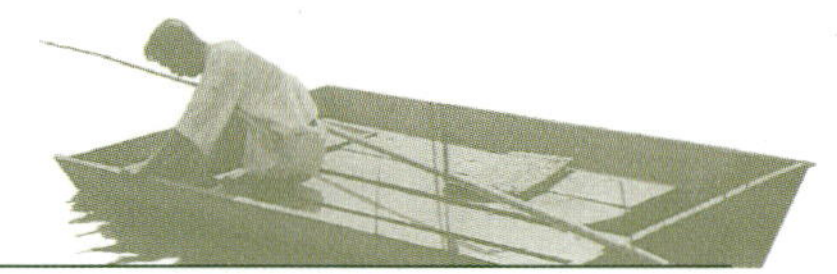

## 개요

풍수지리상 전주는 배역지지(背逆之地)이다. 배역지지는 산수가 뒤바뀐 지형을 말한다. 풍수지리의 기본은 배산임수(背山臨水)이다. 배산의 좌향은 북향이고, 임수의 좌향은 남향이다. 그런데 전주의 주산인 승암산은 남동쪽에 위치하고, 전주천은 남동출북서류한다. 전주의 지세는 남쪽에 승암산, 남고산성, 완산으로 둘렀고, 북쪽은 전주천이 흐르고 넓은 평야가 펼쳐질 정도로 툭 트여 있는 공허한 지세다. 전주는 남고북저의 전형을 보여 주는 곳이다. 이와 같은 배역의 지세에 전주부성에는 객관과 전라감영, 전주부영 등 관아 건물이 들어섰는데 모두 남향이다. 고지도에서 전주에 들어오는 대로(大路)는 북쪽에서 전주부성까지 연결되어 있다.

전주는 지리적인 여건상 남동출북서류하는 전주천에 따라 배역의 지세이지만, 남향의 전주부성은 매우 절묘한 양택의 기운을 살려내는 역할을 하고 있다. 그래서 전주가 더 살기 좋은 곳인지도 모를 일이다. 그런데 전주는 건방으로 풍수지리적인 결함을 갖고 있기에 지기가 새는 곳은 숲으로 막고, 지세가 공결한 곳은 흙을 쌓아서 비보장치를 하였다. 전주 고을 사람들이 전주의 지기를 보전하고자 다양한 비보풍수를 차용하였다.

전주의 비보풍수와 관련된 유적으로는 건지산과 가련산을 잇는 덕진제와 그 안의 덕진연못, 최고의 음택풍수 지역에 세워진 조경단, 지기를 눌러 놓을 목적으로 세운 진북사, 전주의 지기를 보전하는 숲정이 등이 있다.

**덕진연못** | 일제강점기 | 전주역사박물관 소장 사진엽서

## 덕진제와 덕진연못 德津堤 · 德津池

덕진제는 건지산(乾地山)과 가련산(可連山)을 잇는 제방이다. 건지산은 주산의 산세가 건(乾, 西北) 방위에 이르러 멈추었다고 해서 붙여진 명칭이다. 가련산은 전주의 안산(案山)이다. 산의 명칭에서 '가히 연결되어야 할 산'이라는 의미를 갖고 있다. 전주의 산세에서 가련산은 마치 외딴섬과 같다. 가련산을 중심으로 왼쪽에는 용산평의 들이 펼쳐지고, 오른쪽으로는 전주천이 흐른다. 가련산은 안산일지라도 건지산과 연결되어야 그 의미가 살아 있는 산이다. 가련산과 건지산 사이 서북향이 공결(空缺)하다고 하였으니 지기가 유실되는 것은 자명한 일이다. 따라서 가련산과 건지산의 사이에 제방을 쌓아서 풍수비보를 하였다. 두 산 사이에 툭 터져 공허했던 지형을 제방으로 연결한 것은 비보풍수 외에 전주의 산세가 갖는 기운을 연결하는 의미도 있다. 풍수지리적으로 전주는 두 곳에 결함이 있는데, 화산과 가련산 사이에 전주천과 가련산과 건지산 사이의 공결 지형이다. 화산과 가련산 사이에는 비보

숲, 즉 진북숲을 조성하여 결함을 메꾸었고, 건지산과 가련산 사이에 덕진제방을 쌓아 결함을 메꾸었다.

전주부성의 울타리는 주산인 성황산(또는 승암산)에서 내려온 우백호의 지맥이 건지산에 멈추고 좌청룡과 연계된 가련산이 덕진제로 연결되어 있다. 그 전주의 울안이 용산평이다. 용산평은 전주부성의 울타리 안에 위치하고 그곳에 덕진연못[德津池]이 위치한다. 덕진연못은 덕진제방을 경계로 전주부성의 울안에 위치하는 연못으로, 바닥에서 물이 용출하는 천연 못과 건지산에서 흘러내려오는 연화천이 함수(含水)하는 곳이다. 덕진연못에는 교량 한 곳이 있는데, 덕암마을 주민들은 그 지명을 '무넘이'라고 부른다. 항상 덕진연못의 물이 흘러넘치는 곳이기에 무넘이었고, 사람들이 건너다니기 쉽게 다리를 놓은 것이다. 무넘이는 덕진연못의 수량이 풍부하였다는 것을 의미한다. 무넘이는 단옷날에 전주 시민들이 찾아와 물맞이를 즐기는 물탕거리였다. 단옷날 덕진연못의 물맞이는 호남 지방에서 가장 성대한 물세례 의식이 거행되는 곳이었다. 덕암마을 주민들은 예부터 덕진연못의 물이 약물이라는 말을 해 왔다. 그래서 단옷날이면 물맞이를 즐기기 위하여 인산인해를 이룬 곳이 덕진연못 무넘이 일대였다.

덕진제와 덕진연못에서는 두 가지 비보풍수를 읽을 수 있다. 하나는 둑비보이다. 동서 횡렬로 제방을 쌓아 건방으로 전주의 지기가 유실되는 것을 차단하는 차폐수(遮蔽藪)이다. 차폐수는 지기가 물을 만나면 머문다는 풍수이론에 따라 전주의 지기가 분산되는 것을 막는 기능을 하였다. 다른 하나는 득수비보(得水裨補)다. 덕진연못에는 물이 차면 자연스럽게 넘칠 수 있도록 무넘이 시설이 있다. 무넘이는 가련산 쪽에서 제방을 쌓아 오다가 건지산과 잇는 부분을 낮춰 상시 물이 넘쳐흐르게 하고 교량을 놓았다. 제방을 쌓아 못을 확장하고, 건지산에서 내려오는 연화천의 물을 고이게 하였다가 무넘이로 흐르도록 하였다.

이규보는 고려 중기에 전주에 천지담이 있다고 하였으며, 그곳에서 용왕에게 기우제를 지냈다는 사실을 기록으로 남겼다. 천지담이 덕진연못이다. 조선 전기에 유학자들이 덕진연못의 영험성과 경관을 찬탄하는 시를 짓고 있다. 고려시대에도 덕진연못에서는 용천수가 솟아 나왔고, 전주 사람들은 덕진연못을 성지(聖池)로 인식하였다. 마을 주민들은 덕진연못에서 용왕에게 기우제를 지내고, 무녀(巫女)들은 연못가에 장막을 두르고 용왕을 섬기는 사월초파일(음4.8) 용왕굿도 거행하였다. 현재 무넘이다리 옆 옴팡집 자리가 용궁각(龍宮閣)이었다. 지금은 식당으로 사용하고 있지만, 옛날 용궁각의 모습은 그대로 유지하고 있다. 또한 전주 시민들은 단옷날(음5.5)이면 덕진연못에서 단오물맞이를 즐겼다. 덕진연못에는 맑은 물이 항상 넘실거렸고, 전주 사람들은 무넘이 '물탕거리'에서 단오물맞이를 즐기던 관행이 있었다. 아직도 단옷날에 덕진연못을 찾는 노인들은 단옷날이면 덕진연못에 와야 단오를 쉰 것 같다는 말을 한다.

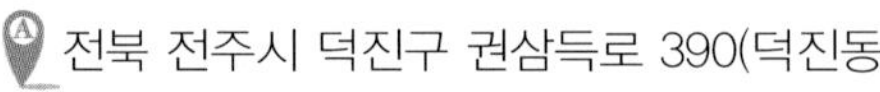
전북 전주시 덕진구 권삼득로 390(덕진동 2가)

## 진북사 鎭北寺

전주시 완산구 진북동 진북터널 옆에 위치한다. 진북사는 사찰 명칭 그대로 북쪽을 진호하는 풍수비보사찰이다. 도선국사가 말하기를 "산천에 병이 들었거나 다쳤을 때 그것이 모자라다면 사찰로서 보완할 것이고, 지나치다면 불상으로 억제할 것이고, 달아나는 형세라면 탑으로써 멈추게 할 것이다."라고 하였다. 이와 같이 사탑비보(寺塔裨補)는 사찰과 탑 외에 불상, 당간 등을 조성하여 진호하는 방식이다.

전주의 풍수지리 구도상 좌청룡의 지맥이 북서 방향으로 달려와 화산(華山)의 끄트머리에서 전주천을 만나면서 멈추었다. 화산의 지맥이 전주천을 만나 떠내려가는 형국이어서 지기를 눌러 놓을 목적으로 산기슭에 사찰을 세워 놓은 것이다. 진북사는 북서 방향으로 떠내려가는 산의 형상과 물을 만나 흩어지는 지기를 눌러 놓을 압승(壓勝) 장치가 필요하였고, 그곳에 진압 기능의

진북사

비보사찰을 세운 것이다. 전주는 배역의 지세로서 북쪽이 공결한 고로 북쪽을 진호(鎭護)하는 진북사를 세움으로써 전주부성 내에 온전한 기운을 유지하는 데 기여한 것이다. 사탑비보는 진호사탑과 풍수사탑으로 나눌 수 있는데, 사찰명이 말해 주듯이 진북사는 진호사탑과 풍수사탑의 기능을 겸하고 있는 것으로 보인다.

1872년 고지도에 진북사가 표기되어 있으나, 언제 창건되었는지는 알 수 없다. 다만 풍수지리적으로 진북사는 전주를 진호하는 사찰임이 분명해 보인다.

전북 전주시 덕진구 전주천서로 403-5(진북동)

## 숲정이

비보풍수 가운데 숲비보가 있다. 숲비보는 마을과 고을의 어귀에 인공적

**숲정이** | 전주부지도 | 19세기 | 전라북도 유형문화재 제80호 | 전북대학교 박물관 소장
가운데 표시한 곳이 숲정이이다. 숲정이는 비보숲 역할도 했지만 초록바위와 함께 조선시대 처형장이기도 했다. 위쪽에 덕진제가 있고, 아래쪽에 공북루와 장대가 있다. 공북루는 국가의 경사가 있을 때 부윤이 관리들을 이끌고 예를 갖춘 곳이며, 장대는 군 지휘소로 이 일대에서 군사훈련을 수행하였다.

으로 나무를 심어 숲을 조성하는 방식이다. 숲은 마을숲과 고을숲으로 나눌 수 있고, 조산숲과 풍수숲으로 구분할 수도 있다. 숲은 차폐(遮蔽)와 보허(步虛) 기능을 한다. 인공숲은 막고 가리거나 지세가 허결하여 비보하는 목적으로 조성된다. 이러한 인공숲을 '동수(洞藪)', '수구림(水口林)', '비보숲'이라고 부른다.

전주 고지도에는 북서 방향에 숲이 표시되어 있고, 수오리(藪五里)라고 표기되어 있다. 수오리는 객관에서 숲까지 5리가 된다는 거리 표기다. 수(藪)는 인공적으로 조성한 숲을 말하는데, 전주의 고을숲을 '숲정이'라고 부르고 있다. 숲정이는 수(藪)+정(町)의 합성어이다. 정은 '마을'의 일본식 표현인데, 일제강점기에 숲이 있는 곳을 숲정이라고 부른 것을 정체성 없이 그대로 부르고 있다.

숲정이는 규모가 매우 크고 매우 울창하였다. 1793년(정조17)에 전라도 관찰사로 부임한 이서구가 조성하였다는 전설이 전해 내려온다. 고지도에서는 전주의 고을숲을 수평적 타원형으로 표현하여 수구막이숲을 조성하였다. 전주의 고을숲은 전주천과 검암천이 합수하는 내수구에 위치한다. 고을숲은 전주부의 지기가 유실되는 것을 차단하는 수구막이숲(또는 조산숲)의 기능을 하고, 전주천을 따라 올라오는 북풍한설의 차가운 기운을 방비하는 기능도 한다. 숲정이는 전주천과 검암천이 합수하는 곳에 수구막이용으로 조성된 풍수비보숲이다. 숲정이는 전주천의 물을 흐르게 하면서도 전주부의 지기를 보전하는 기능을 한다.

전북 전주시 덕진구 진북1길 26(진북동)

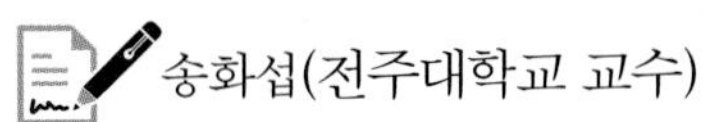


**답사 코스**

덕진제, 덕진연못 → 조경단 → 진북사 → 숲정이

3장

# 전주 옛길

## 개요

조선시대 전주는 전라도 지방의 통치 거점으로서 감영과 부영이 위치한 성곽도시였다. 전주부성 안에는 사대문과 각종 관아시설 및 민가를 연결하는 가로망이 형성되어 있었다. 그리고 부성 밖으로는 전국적인 가로망(역로)체제에 의하여 한양으로부터 전주로 연결되는 역로가 설치되어 있었고, 전주로부터 다시 인근 고을로 연결되는 도로가 만들어 있었다.

이러한 전주의 도시 구조와 가로망은 일제의 식민지화 과정에서 파괴되고 큰 변모를 겪게 되었다. 해방 후에도 전주의 옛길은 도시 팽창 과정에서 급격히 변화하였다. 특히, 1980년대 이후 추진된 도시구획정비사업으로 시가지가 확대되면서 옛길의 흔적이 사라져 버리기도 하였다. 전주 주변의 길도 도로의 확·포장, 직선화 등과 철도, 고속도로 등 새로운 교통로가 건설되면서 버려지고, 또한 농경지의 정리, 저수지의 축조, 공업단지의 건설 등 토목공사로 옛길의 형태는 거의 다 사라져 버렸고, 그 선형마저도 확인하기 어렵게 된 곳이 많다.

사회경제의 발전 과정에서 길의 변천과 발달은 필연적인 것이다. 현재의 입장에서 보면 옛길은 대단히 비능률적이고 불편한 것일 수도 있다. 역사의 발전에 따라 새로운 길이 만들어지고 옛길이 버려지는 것은 어쩌면 당연한 현상일지 모른다. 그러나 옛길은 그 시대에 살았던 사람들의 삶의 흔적과 역사가 서려 있는 소중한 자산이기도 하다. 옛길이 없어짐으로써 그 길 위에서 전개되었던 역사적 사실과 거기에서 살았던 사람들의 소중한 삶의 자취가 함께 사라지고 있음은 아쉬운 일이 아닐 수 없다.

다행히 전주의 구도심 지역에는 비록 도로의 폭과 형태는 바뀌었지만, 아직도 옛날 전주부성의 가로망의 선형을 유지하고 있는 길이 많이 있으며, 그 원형을 찾아볼 수 있는 골목길도 남아 있다. 또한 전주로부터 주변 지역으로 나가는 길도 그 옛 모습을 찾을 수 있는 곳이 많이 있고, 그 길 주변에는 우리의 조상의 역사와 문화을 전해 주는 흔적들이 많이 남아 있다.

## 전주부성 옛길

조선 후기 전주부성의 중심 가로망은 남문으로부터 시작하여 감영과 부영을 좌우에 두고 객사에 이르는 길과 동문에서 객사를 거쳐 서문으로 이어지는 길이 만나는 T형 가로를 형성하고 있었다. 이에 따라 객사와 감영 그리고 부성이 위치한 중심 구역은 관아시설과 T자형 가로망이 어우러져 品자형 구획을 형성하였다. 그리고 중심 구역 밖으로는 객사 동쪽에 2개, 서쪽에 3개의 남북을 잇는 가로와 객사 남쪽 2개, 북쪽 2개의 동서 방향의 가로가 형성되어 격자형 구획이 이루어져 있었으며, 여기에는 경기전을 비롯하여 각종 관아 부속 건물이 자리하고 있었고 그 주위로 민가가 형성되어 있었다. 따라서 이들을 연결하는 소로나 샛길이 만들어져 있었다.

전주부성 내에는 이러한 가로망을 중심으로 각종 점포들도 자리하고 있었다. 특히 객사 뒤편으로 주석전, 쇠전, 금은방, 지전 등이 위치하고 있었는데, 이 일대의 거리가 주석전거리, 쇠전거리, 금은방거리, 지전거리로 불리게 되었다. 이러한 성내의 가로망과 거리는 부성 내의 거주민의 생활에 필요한 도시 가로로서 기능을 하였음을 알 수 있다.

공간 구조, 가로망이 파괴되는 것은 1907년 전군간의 신작로가 개설되면서 시작되었다. 합방 이후 시행된 수차의 시구 개정에 의하여 가로가 만들어지거나 개수되었다. 일제강점기의 가로망 개설은 전주부성의 성곽을 철폐하

**일제강점기 다가산에서 바라본 동서 가로** | 『금란부』(1912년, 개인 소장)

고 길을 내거나, 협소하고 굴곡이 많았던 기존 도로의 노폭을 확장하고 노면을 정비하여 근대적 도로를 만든 것이었지만, 기본적으로는 조선 후기 전주부성의 가로망을 계승하여 이루어진 것이었다.

해방 이후 1980년대까지 전주의 시가지의 도로의 개수 개설이 추진되어 팔달로, 동서관통로, 기린로 등 새로운 도로가 개설되기도 하였지만, 동서관통도로를 제외하고는 기본적으로 일제시대 만들어진 가로망을 확장하는 정도였다. 따라서 오늘날의 전주 구도심의 격자형 간선도로는 조선 후기의 부성 내의 가로와 일정 구간이 일치하고 있다. 그러나 도로 확장과 더불어 건물의 개축과 신축 등 계속되는 시가지 정비 사업에 의하여 전주부성 내의 옛길은 그 원형을 거의 찾을 수 없게 되어 버렸다.

그러나 격자형 가로망 속에서 도로로 정비되지 않은 민가 지역에 존재했던 소로나 사잇길의 선형이 오늘날에도 남아 있는 곳을 종종 찾아볼 수 있다. 풍남문 부근에서 시작하여 완산경찰서 뒤편 고사동 파출소 옆으로 이어지는 골목길과 명산약국에서 구부배차장 자리로 이어지는 골목길은 조선 후기 전주

**전주부성의 옛길** | T자형 | 중앙동 우체국 앞 골목

부성의 옛길 그대로 남아 있는 곳이다.

옛길의 흔적은 중앙동 우체국 부근에서도 찾아진다. 우체국 앞에서 성미당 앞을 지나는 골목길이나, 구 전신전화국 뒷골목도 조선시대 도로의 선형을 그대로 유지하고 있는 곳이다. 또한, 객사 뒤 한일관 골목이나 한성관광호텔 부근의 복잡한 골목길도 조선 후기 전주부성의 옛길의 흔적이 남아 있는 곳이다.

## 한양 방면 옛길

전주는 호남의 수부로서 수도인 한양은 물론 전라도의 각 군현으로 통하는 도로가 연결되는 사통팔달의 교통의 요지였다. 조선시대에는 한양으로부터 전국으로 연결하는 도로망이 형성되었는데, 전라도에는 서울 통영 간 대로와 서울 제주 간을 연결하는 역로가 지나가고 있었다. 이러한 역로제도 아래서 전주로부터 한양을 나가는 길은 삼례역을 거쳐 여산 황화정에서 충청도 은진으로 넘어가 통영대로를 따라 북상하게 된다. 황화정은 신구 전라감사가

**춘향전에 나오는 주엽정이 마을**(평리)

임무 교대를 하던 곳이다.

전주부성에서 서울로 가는 길은, 남문으로부터 남쪽 성벽을 따라 서쪽으로 우회하여 옛날 황외과 뒤편 약전거리 골목을 경과하여 현재의 서문교회 뒤편을 지나면서 서문에서 시작하는 길과 만나서 전주천을 따라 내려가 숲정이를 지나 떡전거리에 이르게 된다. 또한 전주 부중 북문에서는 비석거리(태평동 파출소 옆)를 지나 숲정이를 지나서 떡전거리(고속버스터미널과 종합경기장 야구장의 사이)로 이어지게 된다.

떡전거리에서는 사평리를 지나 가련산을 오른쪽으로 끼고 하가리를 지나서 추천 건너 신보리(팔복동), 감수리(북전주역 부근)를 지나 주엽쟁이(평리, 삼화동)를 지나서 한내에 이르게 된다. 이 길은 춘향전에서 암행어사가 된 이 도령이 남원으로 내려갈 때 지나간 것으로 되어 있어 유명하다. 평리마을 입구에는 '춘향전에 이 도령이 한양 갈 때 밟고 간 다리'라는 글이 새겨진 입석이 세워져 있다. 한편으로는 떡전거리에서 하가리를 거치지 않고 가련산 동쪽을 통해 추천을 건너 감수리를 거쳐 한내에 이르기도 하였다고 한다. 한내에는 전주천과 고산천이 만나는 조금 아랫부분에 합천교가 있었던 것으로 보인다. 한내를 건너 비비정을 왼쪽에 두고 북상하여 여수코빼기의 찰방다리를 건너 삼례역에 이르게 된다.

## 남원 · 순창 방면의 옛길

전주에서 남쪽 방면으로 가는 길은 대체로 동문과 남문에서 시작하였던 것으로 보인다. 남문에서는 곧바로 전주천을 향해 남진하다가 전주천에서 전주천 우안을 따라 중진영 앞의 남천교에 이르게 되고, 동문에서는 장터를 왼쪽에 두고 동쪽 성벽을 따라 남쪽으로 향하여 중진영 동쪽 담장을 돌아 역시 남천교에 이르게 된다. 남원 방면으로 가는 길은 남천교를 건너 반석역을 지나면서 남고산성으로 올라가는 길을 오른쪽에 두고 동쪽으로 가다가 좁은

**남원으로 나가던 옛길** | 전라선 폐선 부지, 오른쪽 암벽에 선정비들이 새겨져 있다.

목을 돌아서 남쪽으로 내려가면서 전주천을 다시 건넌 다음 객사동과 은석리, 상관면의 신원을 거쳐 만마관 소치점을 지나 슬치를 넘어 임실 방면으로 넘어가게 된다.

운암 순창 방면으로 가는 길은 반석역에서 읍양정(교대부속초등학교 자리)을 오른쪽에 두고 올라가다가 공수내를 건너서 장승백이와 꽃밭정이에 이르게 된다. 여기에서 난전면의 삼천리와 추동리를 거쳐 구이동면의 염암리, 유점을 지나 임실로 넘어가게 된다. 한편 공수내에서 흑석골을 거쳐 보광치 고갯길을 넘어서 평촌의 태실리에 이르면 불재를 넘어 운암이나 임실 쪽으로 가는 길과 연결되었던 것으로 보인다. 평촌에 예종대왕의 태실과 경복사와 보광사 등의 큰 절이 있었기 때문에 이 길이 제법 왕래가 빈번하였던 것으로 알려져 있다. 그리고 구이동에서는 삼천을 따라 우림곡면의 거마리까지 소로가 있어서 전주에서 태인과 금구로 가는 역로와 연결되었다.

### 진안 · 고산 방면의 옛길

전주에서 진안이나 고산으로 나가던 옛길은 대체로 안덕원을 경유하였다. 동문에서 시작한 길은 동문 밖 민가와 장터를 지나 관선암(군경묘지로 가는 길목)까지 나온 다음에 북쪽으로 방향을 바꾸어 인봉리를 지나 서낭댕이고개를 넘어서 진안삼거리에 이르게 된다. 여기에서 동쪽으로 방향을 바꾸어 동정리, 도마다리를 지나면 안덕원에 이르게 된다. 북문에서는 바로 동쪽으로 향하여 연무정을 왼쪽에 두고 가다가 진안삼거리에서 동문에서 시작된 길과 합류하여 안덕원에 이르게 되었다.

안덕원에서 진안으로 나가는 길은 상중리를 지나 단암사 앞에서 소양천을 건넌 다음 소양면 국촌리(화심)에 이르게 되는데, 여기에서부터는 진안으로 넘어가는 몇 갈래의 고갯길로 나누어지게 된다. 먼저 구진리에서 조약치로 갈라지는 길이 나오는데, 이 길은 오늘날 소태정으로 이어지는 4차선 도로의

안덕원이 있던 안덕원 마을

고갯길 부근이다. 다음은 신원리에서 삼중리를 거쳐 경래재(적천치 혹은 적래재)를 넘어 진안으로 가는 길이, 신촌 두목리에서 진안의 덕봉으로 넘어가는 고갯길, 그리고 웅치리(웅상)에 이르러 곰티재를 넘어 진안으로 가는 길이 나오게 된다. 경래재와 덕봉재, 곰티재 길은 각각 고개 너머에서 오늘날의 모래재길과 만나 진안으로 이어지게 된다. 이 고갯길은 임진왜란 때 전주와 호남을 지켜 임진왜란을 극복하는 데 가장 중요한 역할을 하였던 웅치전투가 있었던 곳이다.

이 길 외에 전주부성에서 서낭댕이와 안덕원을 거치지 않고 진안 방면으로 나가는 소로도 있었다. 동문 밖 관선암을 오른편에 두고 전주상고 자리인 인봉리 마당재를 지나면 가재미 한범리를 거쳐서 아중골에 이른다. 여기에서 아중천을 넘어 지금 아중역 부근의 행치마을을 왼편에 두고 행치를 넘으면, 이방간의 묘가 있는 용진면 금상리, 가소리를 지나 신주리에 이르게 되고, 여기에서 앞에서 설명한 전주에서 진안으로 나가는 길과 만나게 되었다.

전주에서 고산으로 가는 길은 안덕원에서 장재리를 거쳐 초곡면 상일리와 익산을 지나 초포에서 용진면 쪽으로 고산천을 건너 봉상면의 봉강리(오늘날 봉동)의 장터를 지나서 북상하면 고산에 이르게 된다. 또한, 전주에서 진안으로 가는 길에서 소양면 국촌리(오늘날 화심) 부근에서 왼편으로 소로가 갈라져 송광사를 왼쪽에 두고 올라가게 되면 위봉산성에 이르게 되는데, 여기에서 수만리 음수동과 대아리를 거쳐 고산 삼기리로 연결되었다.

### 태인 · 김제 방면의 옛길

전주에서 태인이나 금구로 나가는 옛길은 서천교를 경유하였다. 남문과 서문에서 나온 길은 각각 성벽을 따라 전주부성 남서쪽 모퉁이에서 합류하였는데, 여기에서 전주천을 향하여 가면 서천에 이른다. 여기에서 서천교를 건너 군자정(현재의 기령당)을 왼쪽에 두고 용머리고개를 넘어서 우림곡면의 거마리에 이르게 된다. 거마리를 조금 지나 삼천을 건너면 정동리를 거쳐 황소리에 이르게 된다. 이어서 독배계곡을 지나 솔재고개를 넘으면 청도원에 이르고, 여기에서 귀신사를 오른쪽에 두고 계곡과 계류를 따라 내려가면 동곡에 이른다. 여기에서 현재의 금평저수지를 지나 곧장 내려가면 원평을 거쳐 태인에 다다르게 되었다. 이 길은 1894년 갑오동학농민혁명 당시 황토현에서 전라감영군을 격퇴한 동학군이 전주부성을 점령하기 위해 지나갔던 길이라고 한다.

전주에서 금구로 가는 길은 앞에서 설명한 태인으로 가는 길의 거마리에서 갈라져 쌍룡동, 태평리를 지나 석산리에 이르러 삼천을 건너고, 이어서 신덕리를 지나 숯고개(쑥고개)를 넘으면 금구에 이르게 된다. 김제로 나가는 길은 거마리에서 금구 방향으로 조금 가면 쌍룡동 길이 나누어지게 되는데, 여기에서 이남면 개태리를 지나서 이서를 거쳐 김제로 들어가게 된다.

한편 서문 밖에서 사마교를 지나 다가정과 희현당을 왼쪽에 두고 화산치를 넘으면 화산리에 이르게 된다. 여기에는 화산서원이 있었기 때문에 '서원너머(선너머)'라고 불렀다. 오늘날 이 부근의 길을 '선너머길'이라고 부르는데, 여기에서 북쪽으로 이동면을 거쳐 이북면 전주에서 신창진으로 가는 대로와

**용머리고개 옛길** | 기령당 앞

만나며, 남쪽으로는 이서면을 거쳐 김제로 가는 대로와 만나게 된다.

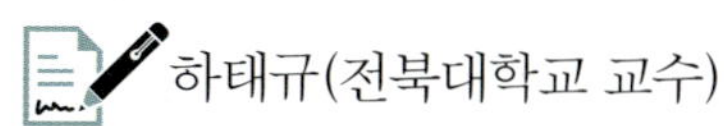
하태규(전북대학교 교수)

## 답사 코스

전주부성 옛길 → 한양 방면 옛길 → 진안 · 고산 방면 옛길 → 남원 · 순창 방면 옛길 → 태인 · 김제 방면 옛길

# 전주 8경·10경
# 전주 8미·10미

이동희(전주역사박물관장)

김소희(전주역사박물관 학예연구사)

전주8경 8미 참고문헌

· 노재현 손희경 신상섭 최종희, 「전주팔경의 시원(始原)과 변용(變容)에 관한 연구」, 『한국전통조경학회지』 33, 한국전통조경학회, 2015.
· 이철수, 『전주야사』, 전주시관광협회, 1967.
· 전주문화사랑회 편, 『아하 그렇군요, 전주』, 전주시, 2004.

# 전주 8경·전주 10경

## 1. 기린토월 麒麟吐月

동쪽으로 비켜솟은 기린모습의 기린봉의 정상(수호봉)에 비가 갠 후 여의주 같은 달이 솟구쳐 떠오르는 풍광이다. 기린봉은 산세의 기골이 장대하고 주산으로서 품격을 갖추고 있으나 왕의 기운을 머금고 있어서, 조선왕조가 이 기를 누르기 위해 주산을 기린봉으로 하지 않고 건지산으로 하였다는 이야기가 전한다.

**인봉토월**(麟峯吐月)

기린봉 두 봉우리 푸르게 우뚝 솟고　　麟峯雙髻碧嵯峨
가을 달빛은 멀리서 하얗게 일렁이네　　秋月迢迢漾素波
오목대 앞의 노란 잎은 다하고　　五木臺前黃葉盡
남천교 위에는 취한 사람이 많네　　南川橋上醉人多

- 조수삼, 『추재집(秋齋集)』 3, 시 -

## 2. 한벽청연 寒碧晴烟

한벽당에서 바라본 전주천 경관으로, 슬치에서 발원한 물길이 북으로 내달려 옥류동 한벽당(寒碧堂) 밑 바위자락에 부딪혀 피어오르는 물안개의 모습이다. 한벽당은 승암산 기슭의 절벽을 깎아 세운 누각으로 시인 묵객들이 즐겨 찾은 호남삼한(湖南三寒)의 하나이다. 한벽당이 위치한 승암산 발산 자락 자만동은 태조의 고조부 목조 이안사가 살았던 조선 왕실의 탯자리 같은 곳이다.

**한벽청연**(寒碧晴烟)

| | |
|---|---|
| 멀리 보면 희미하고 가까이 보면 허공일세 | 遠視迷離近卽空 |
| 한 줄기 시내 한벽루 앞 흐릿하게 일렁이네 | 一川寒碧漾冥濛 |
| 건넛마을을 멀리 석양이 나무에 비치니 | 隔村多少斜陽樹 |
| 다만 앉아 옅은 안개 걷히기 바라는 중이네 | 只坐輕籠淺抹中 |

- 조수삼, 『추재집(秋齋集)』 3, 시 -

## 3. 남고모종 南固暮鐘

해질녘 남고진의 저녁노을을 가르며 울리는 남고사(南固寺)의 범종 소리이다. 남고사는 남고산성(사적 제294호)에 위치하고 있으며, 신라 문무왕 8년(668) 명덕화상이 창건하였다고 전해진다. 동고사·서고사·북고사와 함께 전주를 사방에서 수호하는 사고사찰의 하나로 주변에는 천경대·만경대·억경대 등이 있다. 만경대에는 정몽주의 우국시가 새겨져 있다.

남고모종(南固暮鐘)

| | |
|---|---|
| 성곽의 종소리 어디에서 들리나 | 城郭鍾聲何處聞 |
| 상방에 석양이 드니 문턱이 따뜻하네 | 上方斜日下方曛 |
| 머리 돌려 다시 초지를 찾으려니 | 回頭更欲尋初地 |
| 텅 빈 산에는 흰 구름만 보이네 | 惟見空山多白雲 |

- 조수삼, 『추재집(秋齋集)』 3, 시 -

## 4. 다가사후 多佳射帿

다가산 자락 활터 천양정(穿楊亭)과 다가정에서 다가천변 물이랑을 끼고 백설같이 날리는 이팝나무 꽃 속에서 선비들이 활을 쏘며 호연지기(浩然之氣)를 기르는 풍경이다. 천양정은 숙종 28년(1712) 전주 유지들이 다가천 서쪽 냇가 기슭에 정자 네 칸을 마련한 데서 시작되었다. 천양정은 무과(武科)를 치르던 곳으로 이곳에서의 국궁 사습(私習)은 오랜 전통을 가진 선비들의 풍류문화였다. 천양(穿楊)은 버들잎을 화살로 꿰뚫는다는 뜻이다. 다가정은 천양정에 이어 건립된 활터로 천양정과 함께 다가산 자락에 있었다.

**천양정의 사원(射員)들** | 1930년 | 『옛 사진 속의 전주, 전주 사람들』(전주역사박물관, 2007)

## 5. 덕진채련 德津採蓮

덕진연못의 연꽃 풍경으로, 저녁노을 달빛 아래 피리 소리를 들으며 고기잡이하는 등불 아래 덕진연못의 연꽃을 바라보는 모습이다. 덕진연못에서 단오 무렵부터 돋아나는 연꽃은 여름내내 향취가 진동하며 아름다운 장관을 이루는데 또한 빼놓을 수 없는 풍경이었다. '덕진지의 연꽃'은 예로부터 전주 '동고산의 진달래', '다가봉의 입하화(入荷花)'와 더불어 전주의 부성삼화(府城三花)로 일컬었다.

덕진채련(德津採蓮)

| | |
|---|---|
| 채련곡 노랫소리 높아질 때 배를 끌고 나서니 | 蓮唱初高剌棹頻 |
| 물오리 놀라 일어나니 연잎이 밝도다 | 水禽驚起綠粼粼 |
| 놀이배를 타고 점점 꽃밭 속에 들어가니 | 畵舫漸入花深處 |
| 온통 붉은 속에 사람은 보이지 않네 | 一色紅粧不見人 |

- 조수삼, 『추재집(秋齋集)』 1, 시 -

## 6. 비비낙안 飛飛落雁

달빛 타고 한 폭의 수묵화처럼 한내천 백사장에 사뿐히 내려앉는 기러기 떼 모습으로 비비정(飛飛亭)에 올라 바라본 풍경이다. 비비정 앞을 흐르는 한내천은 전미동과 삼례읍 경계에 걸쳐 있는 하천으로 백사장이 일품이며 드넓은 호남평야를 끼고 있다. 한내[寒川]라 한 것은 물이 유난히 차갑다고 하여 붙은 이름이다. 비비정은 선조 6년(1573)에 창주첨사 최영길에 의해 초창된 이후 영조 28년(1752)에 전라관찰사 서명구가 중건하여 관정(官亭)이 되었으며 몇 차례 쇠락을 거듭하다 19세기 초에 철거된 뒤 1998년에 복원되었다. 「비비정기(飛飛亭記)」는 우암 송시열이 지은 글이다.

**비정낙안**(飛亭落雁)

| | |
|---|---|
| 비비정 아래 기러기 나는 가을 | 飛飛亭下雁飛秋 |
| 푸른 물 십리 흰 모래톱. | 水碧沙明十里洲 |
| 북녘 한양 바라보니 어느멘가 | 北望京華何處是 |
| 가서(家書)는 쉬이 남녘 고을에 당도하거만. | 家書容易到南州 |

– 조수삼, 『추재집(秋齋集)』 3, 시 –

## 7. 위봉폭포 威鳳瀑布

폭포물이 옥구슬처럼 부딪혀 포말이 되어 떨어지는 심산유곡(深山幽谷)의 비경을 말한 것으로 폐허에 홀로 앉아 폭포를 바라본 풍경이다. 위봉폭포는 완주군 소양면 대흥리 추줄산에 있으며 인근 위봉산성(威鳳山城)과 위봉사(威鳳寺)와 함께 빼어난 절경을 이룬다. 폭포는 2단으로 높이 60m, 폭은 3m에 이르며 수량이 많은 여름철은 더욱 장관을 이룬다.

**위봉수폭**(威鳳垂瀑)

| | |
|---|---|
| 하얀 비단이 푸른 산에 걸린 듯 | 白練垂垂掛翠微 |
| 빗줄기는 저녁노을에 물드네 | 雨絲霞線染餘暉 |
| 어느 누가 곧바로 칼을 가지고 가서 | 何人直把并刀去 |
| 맑은 가을 하늘 아래 직녀가 짠 베를 잘라 놓았나 | 斷下清秋織女機 |

조수삼, 『추재집(秋齋集)』 3, 시

## 8. 동포귀범 東浦歸帆

만경강, 고산천을 따라 동포를 거슬러 점점이 돌아오는 만선의 돛단배들 풍경이다. 동포는 전주천이 북쪽의 소양 · 고산의 두 천을 합쳐 만경강이 되어 서쪽으로 내려가는 부근을 말하는 것으로 완주군 봉동읍 장기리와 용진면 신지리 마그내다리(봉동교) 일대이다. 소금, 젓갈, 땔감, 생강, 곡식을 싣고 많은 배들이 드나들었다. "동포천길 푸른 물에 고깃배를 띄우고 점점이 돌아오네(東浦千尋碧漁帆帶雨歸)"는 이런 풍경을 묘사한 것이다.

### 동포귀범(東浦歸帆)

| | |
|---|---|
| 강마을에는 물고기와 쌀이 지천으로 널려 있어 | 江鄕魚米不論錢 |
| 넓은 해구와 긴 강줄기를 따라 날마다 바꾸어 가네 | 巨口長腰日貿遷 |
| 잠깐 남쪽 봉우리 높은 곳에 올라가 바라보니 | 試向南峯高處望 |
| 멀리 수많은 돛단배가 푸른 하늘가에 떠 있네 | 遠帆無數入靑天 |

조수삼, 『추재집(秋齋集)』 1, 시

## 9. 남천표모 南川漂母*

승치에서 발원한 전주천이 한벽당에 부딪쳐 흐르는 남천과, 다가산을 끼고 북으로 달리는 서천의 천변가에서 삼삼오오 모여 앉아 빨래하는 아낙들의 모습이다. 전주천은 전주부성을 기준으로 부성의 남쪽을 흐르는 천을 남천(南川), 방향을 틀어 부성 서쪽을 흐르는 천을 서천(西川)이라고 한다.

## 10. 곤지망월 坤止望月*

곤지망월은 과 서천에서 목을 축이고 초록바위가 있는 남문 밖 곤지산에서 바라보는 달맞이 모습이다. 초록바위는 깎아지른 산세의 절벽으로, 풍수지리상 목마른 말이 물을 마시는 갈마음수(渴馬飮水) 형국이다. 초록바위의 정상 흡월대(吸月臺)는 잔 속에 달의 기운을 받아 마심으로써 충일한 기운을 받는 곳이다.

* 전주 8경에 남천표모와 곤지망월을 더해 전주 10경이라고 한다.
  전주 8경이 언제 누구에 의해 붙여졌는지는 분명치 않다. 다만 19세기 초반 조수삼의 『추재집(秋齋集)』에, 전주 8경이라는 명칭이 붙어 있지는 않지만 '다가사후'를 제외한 7곳의 경관을 읊은 시가 실려 있어서, 전주 8경(10경)에 나오는 풍광들이 일찍부터 전주를 대표하는 빼어난 경관으로 자리했음을 알 수 있다.

** 그림의 출처는 「전주 8경 병풍」(전라북도문학관 소장)이다.

# 전주 8미·전주 10미

## 1. 파라시(八月柿, 감)

전주의 감은 맛이 좋기로 옛날부터 유명하다. 특히 물이 많고, 달며, 씨가 별로 없어 먹기에 좋고, 먹고 난 다음 입맛이 개운해서 얼마든지 먹을 수 있다. 파라시는 음력 8월에 홍시가 되어 먹을 수 있는 감으로 옛날부터 전주에서 나는 것이 전국적으로 유명했다고 한다. 서낭골(성황사와 기린봉 밑)과 산성골(남고산 주변), 내성골(지금의 완주 대성동)에서 나는 것이 더욱 맛이 있었다고 한다.

## 2. 열무

전주 동쪽 기린봉 기슭에서 생산되는 것과 효간재(구이 방면)에서 나는 것을 손꼽는다. 짙은 응달 속에서 자란 것일수록 사각사각 연한 맛이 훌륭하다. 어린 무는 원래 7~8월 한더위에 김치를 담는 재료로 사용되어 왔으며 밑둥도 먹지만 주로 푸릇푸릇한 잎의 맛이 좋다.

## 3. 녹두묵(황포묵)

오목대에서 흘러나오는 녹두포(綠豆泡) 샘물을 이용하여 만든 녹두묵은 천하진미로 옛날부터 전국에 알려진 기호식품이다. 이 녹두묵은 치자로 물을 들이면 색이 노랗게 되므로 황포묵이라 했으며 물을 들이지 않으면 청포묵이라고도 불렀다. 녹두묵은 가늘게 채를 쳐서 무침을 해 먹었으며 전주에서는 비빔밥에 빼놓을 수 없는 재료로 쓰였다. 자만동(자만동·교동) 묵샘골의 녹두묵을 부성의 자랑으로 꼽는다.

## 4. 서초(西草, 담배)

담배를 달리 부르는 말이다. 원래 우리나라 재래종이 아니고 조선조때 서양에서 들어온 풀이라 하여 서초라고 부른 것이다. 전주의 담배 맛은 예부터 좋았는데, 완주군 소양면 대흥골과 상관면 마치골에서 나오는 담배 맛은 평안도 성천, 충청도 충주·증평·진천 담배 맛과 함께 알아주었다고 한다.

## 5. 애호박

토양의 탓인지 신풍리 동천의 애호박 맛을 일품으로 꼽았다. 이 호박은 한 포기 줄기에서 호박이 20여 개씩 열렸으며 애호박은 여름 반찬으로 인기를 얻었다. 초가을에 딴 호박은 썰어서 말린 후 겨울에서 이른 봄까지 나물로 무쳐 먹기도 하였다. 특히 늦가을 서리가 내리기 전에 따서 찌면 그 맛이 달고 영양가도 높아 식용으로 즐겨 먹었으며 호박고지로 말려서 떡을 해 먹기도 했다.

## 6. 모래무지

모래무지는 모래 속을 파헤치면서 생활하는 민물고기로 삼례 한내, 전주 남천, 서천, 남고천 등에서 많이 잡혔다. 맑게 흐르는 물속에서 서식하기 때문에 고기 자체가 깨끗하고 맛이 담백하여 모래무지 지짐이나 탕으로 끓여 먹는 요리가 미식가들의 미각을 돋구어 왔다. 모래무지 한벽당 아래 천변의 오모가리탕이 유명하여 계절에 구별 없이 많은 사람들이 찾고 있다.

## 7. 게

민물에서 나는 게는 한내에서 잡히는 게가 맛이 좋기로 유명하였다. 게찜, 게장조림은 부성 아낙네들의 갖은 양념 속 조화미(調和味)를 갖춘 미각이라 했다. "한내 게 다리 한쪽만 있어도 밥 한 그릇은 거뜬하다."고 할 정도로 게의 성가가 높아 진상품으로도 만들어졌다.

## 8. 무

예부터 삼례와 봉동 부근에서 나는 무가 맛이 좋기로 유명했다. 황토밭에서 나는 무는 돌멩이처럼 단단하고 둥글면서 큼직하여 인기를 끌었다. 옛날 전주부성의 사불여설 가운데 "배 맛이 무우 맛보다 못하다."고 할 정도로 무우의 맛은 가히 전국적이었다고 한다.

## 9. 콩나물*

옛날 전주성 사람들이 하루 세 차례씩 음식상에 올려 먹었던 반찬이다. 사정골 '노내기샘'물로 자만동 '묵샘'물로 기른 콩나물을 일품으로 꼽았다. 콩나물은 전주 비빔밥과 콩나물 해장국밥의 주재료로 빠질 수 없는 식품이며 콩나물 자체의 맛은 특별히 뛰어난 것은 아니지만 소금으로 간을 맞춰 끓이면 고숩기도 하고 부드러우면서 나긋나긋한 맛이 한층 감칠맛을 주는 것이다. 전주 사람들이 콩나물을 많이 먹는 것은 기후와 풍토 탓이라고도 한다.

## 10. 미나리*

옛날 전주시 화산동 고개를 넘으면 물씬 미나리의 향취가 몸에 밴다고 하였다. 이 일대는 유래가 깊은 미나리 방죽이다. 전주 미나리는 줄기가 연하고 겨우내 물속에서 자라 그 맛이 또한 일품이다. 미나리 재배가 유명했던 화산동 일대는 현재 아파트 지역으로 변하였고 현재 미나리는 더 외곽으로 밀려나 재배되고 있으며 전주 변두리, 삼례 등에서 상당량이 생산되고 있다.

* 전주 8미에 콩나물, 미나리를 더해 전주 10미라고 한다.
전주 10미가 언제 누구에 의해 붙여졌는지는 분명치 않다. 다만 가람 이병기가 1950년대 초 전주 양사재(養士齋)에서 창작한 <근음 3수(近吟三首)> 중 '열무'에서 8미가 소개되었다. "선왕골 파라시는 아직도 아니 붉고 / 기린봉 열무 팔미의 하나라지 / 배급 탄 안남미(安南米) 밥도 이 맛으로 먹히네" 가람은 전주 8미를 기린봉 열무, 신풍리 호박, 한내 무, 상관 게(한내 게), 전주 남천 모자(모래무지), 선왕골 파라시, 대흥리 서초, 오목대 황포묵으로 뽑았다.

## 참고문헌


· 국립전주박물관, 『옛 사진 속의 전북(1894-1945)』, 1998.

· ____________, 『왕의초상-경기전과 태조이성계』(도록), 2005.

· ____________, 『조선왕실과 전주』(도록), 2010.

· 노재현·손희경·신상섭·최종희, 「전주팔경의 시원(始原)과 변용(變容)에 관한 연구」, 『한국전통조경학회지』 33, 한국전통조경학회, 2015.

· 이철수, 『전주야사』, 전주시관광협회, 1967.

· 이희권·이동희 역주, 『국역 경기전의』, 전주시·전주역사박물관, 2008.

· ______________, 『국역 전주부성 축성록』, 전주역사박물관, 2010.

· 장명수, 『성곽발달과 도시계획 연구 : 전주부성을 중심으로』, 학연문화사, 1994.

· 전라북도·전북역사문화학회, 『전라북도금석문대계』 1(전주시·완주군편), 2007.

· 전북대학교 고고문화인류학과 BK21사업단, 『전주한옥마을 '구술열전'』, 2008.

· 전북대학교 박물관, 『옛 사진 속 문화풍경, 전북』, 2006.

· 전북전통문화연구소편, 『전주의 역사와 문화』, 신아출판사, 2000.

· 전주문화사랑회편, 『아하! 그렇군요』, 전주시, 2004.

· 전주시, 『전주시사』, 1997.

· 전주시·어진박물관, 『어진박물관』(도록), 2011.

· 전주시·전주문화원, 『완역 완산지』, 2009.

· 전주시·전주문화재단, 『완판본 백선』(도록), 신아출판사, 2012.

· 전주역사박물관편, 『지도로 찾아가는 도시의 역사-전주의 도시형성과 공간구조의 변화』, 2004.

· ______________, 『옛 사진속의 전주, 전주사람들(1890~1960년대)』, 2007.

· ______________, 『전주문화유적분포지도』, 2005.

· ______________, 『전주학연구』 1~9, 2007~2015.

· ______________, 『천년전주의 꽃심 전주역사박물관』(소도록), 2012.

· 홍성덕·김철배·박현석역주, 『국역 전주부사(1943년)』, 전주시·전주부사국역편찬위원회, 2009.